维和警察武力使用分级训练教程

杨福芳 / 著

光明日报出版社

图书在版编目（CIP）数据

维和警察武力使用分级训练教程 / 杨福芳著 . -- 北京：光明日报出版社，2017.5（2023.1 重印）

ISBN 978 - 7 - 5194 - 2974 - 4

Ⅰ.①维… Ⅱ.①杨… Ⅲ.①联合国维持和平部队—警察—行政执法—教材 Ⅳ.①E159

中国版本图书馆 CIP 数据核字（2017）第 113602 号

维和警察武力使用分级训练教程

WEIHE JINGCHA WULI SHIYONG FENJI XUNLIAN JIAOCHENG

著　者：杨福芳

责任编辑：宋　悦　　　　　　　责任校对：赵鸣鸣
封面设计：中联学林　　　　　　责任印制：曹　净

出版发行：光明日报出版社
地　　址：北京市西城区永安路 106 号，100050
电　　话：010 - 63169890（咨询），010 - 63131930（邮购）
传　　真：010 - 63131930
网　　址：http：// book. gmw. cn
E - mail：gmrbcbs@ gmw. cn
法律顾问：北京市兰台律师事务所龚柳方律师

印　　刷：三河市华东印刷有限公司
装　　订：三河市华东印刷有限公司
本书如有破损、缺页、装订错误，请与本社联系调换

开　　本：710×1000　1/16
字　　数：151 千字　　　　　　印　　张：12.5
版　　次：2017 年 5 月第 1 版　　印　　次：2023 年 1 月第 2 次印刷
书　　号：ISBN 978 - 7 - 5194 - 2974 - 4

定　　价：65.00 元

说　明

　　选派中国警察参加联合国维和行动,是党和政府做出的一项重大决策。近年来,参与联合国维和行动已上升为一项国家战略,成为我国开展多边外交、承担国家责任、宣示国家政策的重要平台,有力服务了联合国维和工作和国家外交战略。

　　参与维和行动以来,中国维和警察忠实履行联合国赋予的维和使命,模范践行联合国核心价值,以作风优良、纪律严明、素质过硬而著称。他们经受住了枪林弹雨的考验和血与火的洗礼,不负人民重托,不辱光荣使命,赢得了广泛赞誉,这是对培训工作的最佳诠释和印证。总结我国警察参与联合国维和行动的成功经验,十分重要的一条就是高质量地开展了派遣前的培训工作,构建了符合联合国维和工作需要、切中我国警察实际的国际化的维和培训体系,培养了大量德才兼备的维和人才,同时,有力助推了中国维和警察工作的开展。

　　在认真总结经验、广泛调研论证的基础上,立足于培训工作实际,着眼于长远发展需要,经过10多年的积累和探索,维和培训中心组织编印了维和警察培训系列教材,这些教材以联合国标准内容为核心,紧密结合维和工作特点及我国警察能力素质拓展需要,融汇了联合国最新的培训理念、内容,以及维和任务区形势发展和要求,吸收了维和理论界以及参编人员近几年最新的研究成果和心得。该系列教材的面世，对我们而言既是一种工作汇报，也是一种成果交流，我们期待着它们能够产生应有的社会价值，也恳请同行们批评指正。

　　本著作由杨福芳同志结合维和任务区的实战经验，根据维和警察及维和警察防暴队的训练实际情况，依据联合国迎战原则和标准作业程序的要求编制的。能够在促进维和警察武力使用理念转变、提高武力控制能力、增强执法素质等方面具有积极的意义。

中国维和警察培训中心

2017 年 02 月

目 录
CONTENTS

1

第一章

维和警察武力使用分级训练要则

　　维和警察武力使用分级是维和警察在执行联合国维和任务时,按照迎战原则的要求,而选择相应武力使用的方法,是保护维和警察执行联合国维和行动的实战技能方法。它的运用可以使维和警察在执行任务时,做到如何防止和制止执法对象对自身的暴力攻击,使自己尽可能准确地评估危险情形,对潜在危险实施有效控制,将可能面临的险情做出最大程度的避免及化解,从而最大程度保护自己,一旦冲突发生,维和警察也能运用有效手段予以防控。

　　维和警察武力使用水平表现在维和警察执行联合国维和行动的安全控制能力。面对危险、复杂的任务区环境,在种类繁多的维和行动勤务下,如何有效地排除、避免和控制危险是每一名维和警察应该具备的能力。维和警察执行勤务常常要面临危险,常常要处置危险,可以说危险伴随着维和警察的勤务行动,维和警察是与危险的零接近。在联合国维和任务区,维和警察在协助当地安全力量执法中,经常处于执法的一线,面对各种复杂的执法现场和维和勤务,其首要的任务是有效地控制住局面,为维和任务的完成提供有利的条件。为此,维和警察要对现场情形的各种危险信号或迹象进行观察和分析,做出判断;根据判断,利用行动现场的条件(如嫌疑人的情况、现场人群情况、警方的优势和劣势以及现场的周围环境情况等),安全地接近目标或占据地势或通过目标地段,从而把握有利的行动因素,争取行动的主动。维和警察巡逻到危险地段,需要对嫌疑人进行盘查时,需要对嫌疑人进行人身检查时,需要对嫌疑车辆进行检查时,当追捕逃犯需要进入危险的现场时,都必须对现场的地形地貌和其他各种情形做出迅速的观察和分析,占据或通过有利位置,把握好行动的时机、节奏及方式,尽可能保证自己在安全的前提下去处置各种情况,去执行各种维和任务。为此,维和警察必须具备安全控制的能力,要做到有效地控制危险的发生。

参加联合国维和行动是中国警察在国际舞台展示其能力水平的主要方式之一,应抓住联合国维和行动的现实需求,自觉地服务于国家总体外交大局,遵循联合国核心执法理念,紧紧把握住维和任务区的现实需求,深入系统地开展维和训练,确保维和警察有足够的能力保护联合国人员、设施及维和任务区平民的安全,并致力于维和任务区安全力量建设,广泛传播中国警务文化,积极地走出去,占领国际维和行动的制高点,将中国警察的良好形象和过硬的执法素质充分地展现于国际舞台,展示中国警察的一流风采,为维护世界和平积极地贡献力量。

联合国有句名言:"维和人员执行维和任务,首先考虑的是安全,其次是安全,再次是安全,最终还是安全,在确保安全的前提下实施一切行动。如果没有安全,那么一切将为零。"联合国对维和人员参加维和行动具有非常高的安全要求,执行联合国维和任务,不同于在国内开展的执法行为,要最大限度地确保武力使用的克制性,尽可能地去化解或解决矛盾,而不是制造矛盾,致力于维和任务区的和平进程建设。但是所有这些都具有一个前提,维和人员首先能够确保自身的安全,面对复杂、危险的维和任务区形势,维和人员要具备这种能力对危险进行评估和规避,只有保护好自身的安全,才能更好地保护任务区居民的安全,才能更好地促进联合国维和任务区的和平进程建设。

第一节　概述

维和警察在执勤过程中,会面对形形色色的暴力嫌疑人,其中有的对维和警察进行语言性攻击,有的进行主动性攻击,有的进行暴力性攻击,有的对维和警察进行致命性攻击,维和警察要针对目标人的对抗层次,做出武力反应,对其反抗行为进行武力分级处置。为了使维和警察在执法中对武力分级控制有进一步的认识,把握适宜的武力控制程度,避免不合理地使用武力,并在维和行动中按照同意、中立、非武力的原则去实施。在实战训练时,就应该按照武力分级的层次,开展相应的技能训练。

现将维和警察武力使用分级按照武力使用由低到高的层级进行了划分(见图1-1-1)。

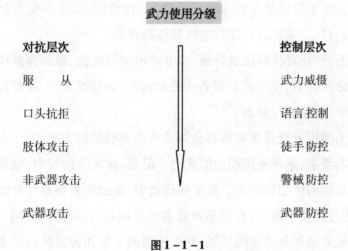

武力使用分级

对抗层次		控制层次
服　从		武力威慑
口头抗拒		语言控制
肢体攻击		徒手防控
非武器攻击		警械防控
武器攻击		武器防控

图1-1-1

在实战对抗时,为了确保维和警察的安全,达到对现场控制的目的,维和警察根据对方的对抗层次,通常情况下,会选择"高一级"的武力使用,占据武力优势。武力使用分级是由控制战术链所组成,它从维和警察出现就开始动用武力。

第一,维和警察到达现场,全副武装,通过语言、装备、着装、统一的行动等,加大现场的威慑力度,给对方施压,使对方不敢反抗,或让其明白暴力反抗要承担的后果。

第二,依据对抗层次,针对对方的口头抗拒,积极地进行引导和劝解,动之以情、晓之以理,用语言控制对方,做好解释工作或进行必要的警告,争取和平解决问题。

第三,现场对抗的层级升级,出现了一定的肢体对抗,维和警察应尽可能采取徒手防控手段,充分运用徒手攻防技能、控制技能、解脱技能,及时地限制或控制住对方的暴力攻击行为。

第四,现场对抗的层级继续升级,出现了棍棒等非武器的攻击,维和警察应及时提取警械装备,进行相应的防控与打击,可选择使用催泪喷射器,对对方进行有效限制,也可选择使用警棍,对对方进行必要的打击。由于警械是非致命性武力使用,在使用时,应避免对其致命性部位的打击,主要针对非致命性部位的攻击。

第五,现场对抗的层级升级,对方使用武器攻击,维和警察应果断使用致命性武力,使用武器警告和控制对方,如情况允许,按照迎战原则的要求,果断进行射击。

武力使用分级是维和警察使用武力应遵循的行为准则,是按照迎战原则的要求,选择使用相应的武力。但是,在实际过程中,维和警察对武力使用的度把握不准。在维和行动中,有的维和警察存在滥用武力,有的过度使用武力,有的不敢或害怕使用武力,这不但影响了维和警察完成各项勤务活动的质量,同时还削弱了维和警察执行勤务活动应有的国际效应。使用武力的目的是保护联合国的每一位成员,保护当地居民,是为了制止暴力犯罪行为,使其依照迎战原则的要求受到惩罚,而不是惩罚暴力的手段,更不是从肉体上消灭暴力分子,这就要求维和警察在行动中使用武力要体现"以人为本",需要维和警察在使用武力时要适当。

维和警察在使用武力时,能用语言控制说服对方达到目的的,不要动用徒手控制。能用徒手控制达到目的的,不要动用警械控制。能用警械控制达到目的的,不要动用武器控制。在武力使用时采取"不反抗,不控制"的原则(但警惕性时刻保持着),并且尽量选择最小武力的原则,就是保证达到控制目的的前提下,使用最低程度的武力。达到目的后,必须立即减缓或停止使用武力。比如,对方使用凶器进行攻击,按照武力对抗层次来讲,应选择警械或武器的控制层次,但这时,如果经过维和警察的语言控制,对方放下凶器,服从维和警察的命令,就不必动用相等或"高一级"的控制层次。这就是说,在实际运作中,维和警察使用武力其实是一把"双刃剑",同样的一个因素,在某一个案例中,可能需要增加武力控制手段的强度,而在另一个案例中,则可能要降低武力控制手段的强度。

另外,在面对强大的国际舆论压力下,维和警察应善于隐藏自身的武力使用,减小影响。武力的使用,应让嫌疑人感觉到痛苦并被控制,而让外界看起来很文明、规范,控制的强度让对方感受到就够了。这是为了保护维和警察自身,避免因武力使用处于不利地位。因此,维和警察使用武力,应注意方式、方法,在打击暴力犯罪的同时,善于保护自己。

第二节 维和警察武力使用分级训练基本流程

维和警察个体防护的技能是指防控的基本技能,它主要包括语言控制技能、徒手防控技能、警械防控技能和武器防控技能。由于维和警察执勤过程中,防控技能的使用是一种执法行为的表现,加上防控技能使用中,一个显著特点是对使用对象的伤害性。因此,使用防控技能通常是配合语言的控制,在语言劝解、警告无效的情况下,才使用其他防控技能,实施对对方的控制,以保证维和行动的顺利完成。

一、实战技能准备

(一)语言控制技能(见图 1 – 2 – 1)

语言控制,是维和警察在执法现场依法处置违法犯罪行为人时使用的语言沟通、命令、责令或要求对方做出(或不做出)某种行为的一种控制手段。常用的语言控制有:表明维和警察身份、发出控制命令、告知法律后果以及配合维和警察行为的有益性等。

正确使用语言控制技能,有利于降低危险发生的可能性,为维和警察避免或减少使用防控技能动作创造了条件,通常凭借语言的威慑力和维和警察的综合优势,可以迫使对方放弃原有的抗拒动机或计划,而接受维和警察的指令。

语言控制对方

图 1 - 2 - 1

（二）徒手防控技能（见图 1 - 2 - 2）

徒手防控技能训练是维和警察武力使用的基础训练科目,是在语言控制基础上进行的训练。按照联合国维和警察武力使用逐步升级的要求,逐渐加大武力使用的强度和效能,力求临战控制达到最优效果。徒手防控技能训练主要包括徒手防控技能训练的基本知识、攻防技能、控制技能、解脱技能和徒手防控综合运用。

发展维和警察的动作协调能力,使维和警察具备一定的攻防技能、控制能力、解脱能力及面对危险时的综合应用能力,并掌握徒手防控的基本防、控、查、抓、带技术。

防卫技能

攻击技能

解脱技能

控制技能

图 1 - 2 - 2

（三）警械防控技能（见图 1 - 2 - 3）

警械防控技能主要包括催泪喷射器的使用、警棍使用、警绳捆绑及手铐使用的技术等。催泪喷射器是警械性防控装备，催泪喷射器的使用，可以作为防控手段的一种温和型控制手段的补充，能有效地增加维和警察对暴力现场的控制选择。

  警棍是警械装备,主要进行的是非致命性打击。但是,警棍又具有很强的杀伤力,如果是击打部位或力度控制不当,很容易造成致命性伤害。因此,在平时的训练中,就应该使维和警察对击打部位和力度进行准确控制,在实战对抗时,才能进行选择打击。警棍使用主要包括警棍使用的基本知识、防护技能、攻击技能、控制技能及警棍的综合运用。

   警棍使用   催泪喷射器使用

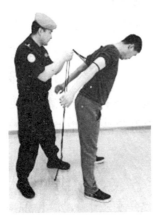

警绳使用 　　　　　　　　　手铐使用

图1-2-3

（四）武器防控技能（见图1-2-4）

武器防控技能作为维和警察武力使用的最后选择，只有当其他防控手段不足以满足控制需求时，为了及时避免或减少伤害和损失，才迫不得已选择使用。在条件允许时，要尽可能警告对方，使对方明白其行为要承担的武力打击后果；当来不及警告时，要果断进行打击。

武器防控技能包括手枪的使用和长枪的使用，主要为枪支使用的安全操作规范、对枪支的安全检查和性能检查、枪支的佩带、枪支的交接、快出枪技术（静止、移动）、持枪姿势（静止、移动）、戒备观察、战术配合以及瞄准击发等技术动作。

手枪使用技能

长枪使用技能

图 1－2－4

（五）防控技能的变化使用（见图 1－2－5）

在维和行动实战对抗中,技能的使用要根据实际情况需求而决定,选择相称的武力进行控制。维和警察在行动中要保持文明执法的基本要求,但时刻也不能放松警惕,必须建立安全的意识,一旦危险出现,能及时采取相应的防控措施,予以控制。

为了最大限度地减少伤害程度,在使用防控技能时应尽可能使用低伤害的防控动作,把对对方的伤害降到最低,以达到合法、安全、合理而有效地使用防控技能的效果。在实战运用时,要灵活掌握。例如:在对方抗拒维和警察实施攻击时,维和警察能躲闪而不接触对方的,尽量使用躲闪动作;如果躲闪不及,就使用格挡或搂抓等接触性的防护动作;如果格挡后对方还是对维和警察构成即时的威胁,那么维和警察就可使用攻击性的动作,控制对方;如果对方是持凶器攻击维和警察,维和警察必须根据面临的危险决定使用警械甚至武器,予以控制对方。

双方对峙

徒手戒备

徒手攻防

催泪喷射器控制

警棍控制

手枪控制

长枪控制

武力抓捕

图 1 – 2 – 5

二、临战控制手段

(一)临战语言控制

语言控制是指维和警察在临战依法处置犯罪嫌疑人时使用语言命令、责令或要求犯罪嫌疑人保持或者做出某一行为,以达到控制对方身体活动所采取的语言方法。维和警察在临战时根据情况需要,通过语言将自己的意图明确告诉犯罪嫌疑人,使其知晓必须怎么做,不能怎么做,以及一旦违反维和警察命令时的后果,这是语言控制最直接的作用。

语言控制也是降低危险发生的可能性,有利于维和警察接近犯罪嫌疑人并实施抓捕的有效途径。值得注意的是,临场使用语言控制,应该凭借一定的优势条件,以保证语言控制的实施和效果。例如,凭借警力优势,而犯罪嫌疑人势孤力单,此时语言控制的效果就会显著;又如凭借装备和火力优势,维和警察抢先用杀伤性武器对准犯罪嫌疑人,以优势火力压制对方,使其不敢轻举妄动,这时语言控制的效果也会十分突出。在优势的条件下结合使用语言控制犯罪嫌疑人,就会形成一种有利于维和警察的情景,从而在较安全的状况下控制犯罪嫌疑人。即使实际情况千变万化,一旦形势不利于维和警察,也可以使用语言严正指责,晓之以理,动之以情,往往会瓦解犯罪嫌疑人负隅顽抗的心理,有效降低危险发生的可能性,避免暴力对抗升级,出现双方交火等后果。语言控制的主要作用表现在以下几个方面:

1. 从心理上占据优势。

2. 正确使用语言控制,有利于降低危险发生的可能性。

3. 为依法执法创造条件。

4. 有利于维和警察之间的协同配合。

(二)临战动作控制

临战动作控制是指维和警察在接近犯罪嫌疑人的最后阶段并实施抓捕阶段,为迅速有效地控制和制服犯罪嫌疑人所采取的具有较强针对性的合理技术动作。

维和警察临场处置犯罪嫌疑人是以擒获、制服对方为行动目的的。从动作方式上讲,只有靠近犯罪嫌疑人,才能对其实施抓捕。一般说来,离犯罪嫌疑人越近,危险性就越大。因此,维和警察的防卫意识和动作控制的手段都不能因为随着与犯罪嫌疑人距离的缩短而变化,甚至应该逐渐加强,特别是当移动到与犯罪嫌疑人不足 1 米距离的危险区域内时,维和警察的防控、上铐、搜身、带离等抓捕动作必须达到对罪犯有效控制,以防其乘机抢夺维和警察的武器进行反抗或用隐藏的凶器、武器突然袭击。所以,迅速有效的动作控制在临战中至关重要。

临战动作控制一般在缉捕和处置犯罪嫌疑人过程中的最后阶段使用。内容包括射击实战姿势、地形地物的利用、位置角度的选择、合理移动的方法以及擒拿、上铐、搜身等技术动作的应用等方面。这些方面在临战中可以形成一个有机的连续过程。例如:维和警察根据犯罪嫌疑人的特征、环境条件等临场情况调整自己的实战射击姿势,以使防护、进攻、射击、隐蔽的动作随机而行;也可以充分利用地形地物掩护自己,合理选择接近位置,以维和警察相互间有效的动作配合来保持警力、火力优势控制犯罪嫌疑人;在抓捕时按规范技术动作对犯罪嫌疑人进行控制搜身、上铐、带离,这些都是维和警察控制和降低潜在危险,防止犯罪嫌疑人拒捕行凶的有效手段(见图1-2-6)。

临战动作控制

临战动作控制

图 1 - 2 - 6

临战动作控制在实际运用中应注意以下几点:

1. 讲究接近的方法。

2. 动作迅猛,制服果断。

3. 徒手控制为主,警械使用为辅。

4. 始终重视控制对方的手臂。

5. 注意协同配合,职责分工明确。

6. 根据环境条件、目标特征,选择合理有效的抓捕方法。

(三)临战武器控制(见图 1 - 2 - 7)

武器控制是指维和警察依据迎战原则的要求使用武器,以武器的威慑力或火力的优势来限制犯罪嫌疑人的行为,为达到控制犯罪嫌疑人的目的而采取的武力方法。武器控制一般运用于缉捕或处置犯罪嫌疑人的全过程中,而且常常和语言控制结合。合理使用武器控制,应注意以下几个方面:

1. 了解和掌握装备武器的性能,注重发挥武器的效能。

2. 掌握使用武器的迎战原则。

3. 熟练掌握武器控制的战术步骤。

维和行动中,应重视通过语言命令和武器威慑力来强迫对方按照维和警察的意图行事,使其不能随意越出被限制范围。

武器控制搜身

武器控制抓捕

武器控制上铐

多点控制上铐

武器控制带离

武器控制检查

图 1 - 2 - 7

第二章

维和行动迎战原则的基本要求

迎战原则是维和任务区警监及其获授权力当局的指导原则,它界定了任务区各维和警察,包括获安理会授权的后续轮换人员和增派人员,在执行其授权任务活动中使用武力的权限。按照迎战原则的要求,合理、有效地使用武力。迎战原则允许使用合理或必要的武力以行使自卫,并确定维和警察使用武力情形的正当性。

维和警察除了协助任务区国家警察行使治安职能之外,他们还需要遵守任务区各项法律,其行为不得与国际公认的人权标准和联合国的授权任务相冲突。在行使其职能时,维和警察须遵守国际公认的人权标准,联合国刑事司法国际标准,包括维和警察使用武力及武器的基本原则。

迎战原则是对维和警察可以使用武力的各种情形进行明确界定的一整套指令。迎战规则的主要构成要素包括:携带和储存警械武器的规则、对各种合法使用武力的情形的定义以及使用武力的原则。迎战原则阐述下述情形:对使用武力的可能性提出明确警告的必要条件及原则;为防止出现使用武力的情形而采取预防性措施的必要条件;可以使用武力的各种情形及使用武力的原则;武力使用不当应承担的责任。

　　由于维和警察必须遵循同意、中立、非武力的原则,维和警察的迎战规则明显不同于国家武装力量的交战规则。维和警察迎战原则的最大特点是保持使用武力的克制性。这种克制性主要体现在:维和警察只有在极端情形下才能使用武力。这就是说,只有在没有其他办法保护人员生命安全时,维和警察才能迫不得已使用武力。通常情况下,只能在自卫情况下才能使用武力。

第一节　迎战的基本原则

　　维和行动是在《联合国宪章》宗旨以及相关国际法原则的指导下实施的。迎战原则为各级指挥员提供了在任务区范围内使用武力的明确指令,对维和警察允许使用武力的程度和方式做出了具体的规定,以确保武力的使用是有节制的和合法的。迎战原则不仅明确了维和警察指挥员履行职责时必须严格遵守的种种限制,也规定了指挥员可以享有的自主权。在实施维和行动的过程中,当使用武力成为必要时,维和人员必须遵守相称原则和最小限度地使用武力的原则,并必须最大限度地减少可能造成的附带损害。

一、自卫

　　迎战原则丝毫不否定维和警察有采取一切必要和适当的行动进行自卫的权利和义务。当遭到攻击时,无论是个人、单位,还是为遭到攻击的个人或单位提供援助的其他联合国维和人员,都可以对敌对性武力采取自卫行动。

二、武力使用的选择性

武力使用的选择性是指维和警察所使用的武力只能是其完成使命所必需的,维和警察不得采取国际法所禁止的行动。使用武力以外的选择,在作战形势允许时,必须采取使用武力以外的一切合理措施以解决潜在的敌对事件。

只有必要时才使用武力。一旦行动情况允许,要尽最大努力采取武力以外的方式解决潜在的敌对冲突,或阻止犯罪行为发生。武力使用具有选择性,采取相应低级别的武力进行处置,比如通过谈判、武力威慑、适度打击及地方当局的协助处置等。

在作战条件允许的任何地点,都应采取除使用武力之外的一切合理手段控制局势。这些手段包括通过人员接触和谈判、使用语言和视觉信号、利用电台和其他电子通信手段、举行演习、荷枪实弹、鸣枪警告以及其他不会导致实际使用武力的手段。

使用武力(包括使用致命武力)只有在所有控制局势的手段无效,或者是受到突然袭击,瞬间迟疑都可能导致自身或其他工作人员死亡或重伤的情况下方可使用。

在为了完成任务,保护维和警察、联合国和其他机构的工作人员、设施及装备,保护面临暴力威胁的平民安全的迫切情况下,方可使用武力。

三、使用最小武力原则

在任何时候和任何条件下,都必须最低限度地使用武力,使用与威胁相一致的最小武力。限制一切武力使用的强度和持续时间,使用达到目的所需的武力。使用致命武力应由现场指挥官控制。但是,为使联合国人员和平民的伤亡降到最低限度,反应级别可能要高于受到威胁的程度。最小武力适用任何情况下武力的使用,如果恰当,最小武力可以是致命武力。

四、武力相称原则

使用相称武力,使用的武力必须与所受的威胁相称。为实现授权目标而使用武力的数量在强度、持续时间和规模上的合理性。必须对任何武力的使用强度和持续时间加以限制,任何武力的使用都必须与所受到的威胁程度相一致。在有些情况下,作战的紧迫性要求立即使用致命武力。

五、武力使用的程序性

(一)得到授权

使用武力必须在接到现场指挥官的命令并在其控制下才能使用。

(二)警告

射击之前用英语做如下警告(至少三次):UN POLICE, HALT OR I WIIL USE TORCE!(不要动! 联合国警察,否则我要使用武力!)。

(三)紧急情况

武器使用要准确并严格控制,只有在迫不得已的情况下方可使用武器射击。可能的话,要用点射瞄准人体的非致命部位射击,以免导致死亡,不可随意射击,射击持续的时间不得长于完成任务所必需的时间。

六、避免附带损害

武力使用后,尽快通过指挥系统报告。在使用武力时要采取一切必要措施来避免附带损害,意外事件造成的平民伤亡、财产损失,要避免造成间接伤亡。停火后,要提供医疗帮助。无论是否发生伤亡,都必须记录事件的详细情况并按照程序上报。

第二节　武力的使用程序

武力的使用需要判定敌对行为,敌对行为是一种意在导致他人死亡、人身伤害或破坏指定财产设施的攻击行为,具有一定的敌对意图。维和警察只要有理由相信敌对意图的存在,就可以使用武力。

判断敌对意图必须由现场指挥官根据综合因素来判断:实施威胁的能力及实施威胁已准备就绪,有证据表明进攻意图的存在,维和任务区的历史惯例。

一、武力的使用条件

(一)维和警察除非在完全无法避免,为保护本人生命或其他人生命的情况下,才可以使用武力或武器将对方击毙。

(二)维和警察除了下列情形或为实现下列目标,否则不得使用武器攻击他人:

1. 为保护本人或其他联合国人员应对迫在眉睫的死亡威胁或严重人身伤害时;

2. 为抵制绑架或拘留本人或其他联合国人员的企图时;

3. 为保护与其共同驻扎或共同工作的任务区国家警察应对迫在眉睫的死亡威胁或严重人身伤害时;

4. 为抵制绑架或拘留与其共同驻扎或共同工作的任务区国家警察的企图时;

5. 保护平民包括人道工作人员应对迫在眉睫的死亡威胁或严重

人身伤害时。

（三）维和警察使用武力前，应尽可能采用非暴力方式。只有在其他方式仍然无法实现本指令中授权目标或者无望实现授权目标的情况下，维和警察才可以使用武力。

（四）如果在使用武力之外的其他方法无法实现目标，在行动情形允许的情况下，维和警察使用武力必须遵守以下升级程序：

1. 如果有可能，必须使用非武力方式；

2. 如果非武力方式仍然无效或者无法实现授权目标，如果可能，必须采取准备使用武器的听觉或视觉效果方式；

3. 如果上述措施仍然无效或者无望实现授权目标，如果可能，鸣枪示警应朝着安全瞄准点开火，以避免造成人身伤害或财产的附带损害；

4. 如果上述措施仍然无效或者无法实现授权目标，授权维和警察使用武力进行打击。

（五）如果维和警察确实使用武力攻击他人，必须考虑：

1. 表明本人为维和警察的身份；

2. 发出有意使用武器的明确警告，并给予对方足够时间来遵守所发出的警告；

3. 如果不这样做可能会造成：

（1）使本人处于死亡或严重人身伤害的极度危险状况；

（2）造成其他人员死亡危险或严重人身伤害；

（3）在此情形下明显是不恰当或毫无意义。

（六）当不可避免地要使用武力或武器时，维和警察应：

1. 厉行克制并使用与威胁程度相称以及实现授权目标所必需的最小武力；

2. 尊重和保护生命，并使人员伤害最小化；

3. 使财产损害最小化;

4. 尽快帮助受伤人员,并确保其获得所需的医疗救护;

5. 尽快使受伤人员的亲属或朋友,或者受此事件影响的人员知晓此事。

(七)其他任何情况维和警察不得将武器指向他人。

二、使用武力的程序

武力是维和警察按照迎战原则的要求合理使用徒手、警械、武器,对侵犯者实施的强制措施及手段。致命武力是有意造成或可能导致死亡的的武力级别,不管实际导致死亡与否,这是最高武力级别。非致命武力是非有意造成又非可能导致死亡的武力级别,不管实际导致死亡与否。

(一)禁止事项

1. 根据国际法的相关规定,特别是关于禁止使用窒息性、有毒性气体或其他气体以及生物作战方式的规定;禁止使用某些种类的武器和作战方式;禁止使用容易在人体内爆炸、膨胀或平展的子弹;禁止使用某些爆炸性弹药;禁止使用在人体内无法检测的弹片、杀伤人员的地雷、饵雷、燃烧性武器等常规武器。

2. 禁止使用能够导致过度受伤或不必要痛苦的战争方式或武器;禁止使用有意导致或可能导致大面积、长期性严重自然环境损害的武器或战争方式。

3. 禁止攻击属于人类文化或精神遗产的艺术、建筑或历史纪念馆,文物遗址、艺术作品、朝觐现场、博物馆和图书馆。在其任务区内,联合国维和行动不得将上述文化遗产及其周围设施用于可能使它们遭受破坏或损失的目的;严禁偷窃、抢掠、盗用或肆意破坏文化遗产。

4. 禁止使用攻击、摧毁、迁移或破坏平民生存所需要的物体的作战方式,平民生存所必需的物体是指食品、庄稼、牲畜以及饮水设施和物资。

5. 禁止将大坝、堤岸、核电厂等具有危险性的设施作为军事行动的目标,防止军事行动使这些设施的危险物质得以释放造成平民严重伤亡。

6. 禁止惩罚性、报复性地使用武力。

（二）警告程序

在使用武力前,必须采取一切合理的措施阻止任何人或团体显示其敌意或实施敌对行动。使用武力的强度和持续时间必须是有限的,使用武力还应该与所受威胁的程度相称。但是,为了最大限度地降低联合国人员和平民的伤亡,还击的程度可以高于受到的威胁。必要时,指挥员应该考虑使用武力以外的其他选择,如谈判、心理方式和其他非致命手段,如部署或调动警力以显示决心。维和警察应该通过显示决心、显示力量等逐步升级的行为,向侵犯者发出警告,并防止事件升级。

1. 总则

武力的使用通常是应对敌对行为和敌对意图的最后手段。如果冲突威胁到执行维和任务现场人员的安全,其目标是为说服有关冲突方,从而终止冲突。因此,通过显示决心和显示武力的方式,实施分级反应,其目标都是发出警告和威慑来阻止冲突升级。如果可以通过非武力或其他和平方式达到目的,那么必须抓住机会平息事态。

2. 分级程序

（1）口头谈判或武力显示

在做出武力反应前,必须尽一切努力警告任何潜在或实际的攻击者,使其终止敌对活动。

（2）非致命武力

如果上述措施无效，可以使用最小非致命武力，如使用徒手力量、警械装备等。如果维和警察现场处置所持有的防暴装备和非致命性武器是终止威胁的有效手段，现场已获得授权的指挥官可以下令使用非致命性武力。

（3）子弹上膛

应该想方设法利用子弹上膛的可视和可闻的效果使侵犯者确信：不停止攻击行为，可能导致使用致命武力。

（4）鸣枪警告

如果威胁仍在升级，根据现场指挥官的命令，维和警察应该鸣枪警告，但必须确保目标的安全，鸣枪警告应朝着安全瞄准点开火，以避免造成人身伤害或附带损害。

（5）使用武力

如果以上措施（包括非致命武力手段）均告无效，而且没有其他可供选择的手段，维和警察此时可使用必要的武力。此时即使在没有时间向上级请示的紧急情况下，使用武力的决定只能由现场指挥官下令做出，并必须受到现场指挥官的控制。在开火前，应依照以下步骤做出最后警告。

①可以用维和行动的工作语言和当地语言做出警告，警告可以采用口头或视觉形式，其中视觉形式可以是手势或发光物，如手持式红色照明弹、探照灯等。

②口头或可视警告应该在当时条件允许情况下尽可能地重复多遍或连续做出警告，直至侵犯者服从警告。该命令必要时将以当地语言或方言重复发出。口头警告和视觉警告应尽可能多次重复发出（至少三次），以确保侵犯者理解或服从警告。"UN POLICE, HALT OR I WIIL USE TORCE!"（不要动！联合国警察，否则我要使用武力！）。

（6）开火程序

①不警告直接开火。只有在侵犯者发动的进攻非常突然,以至于即使片刻耽误都将造成本人、联合国人员或迎战原则规定所要保护的其他人员的死亡或严重受伤时,才允许维和人员不按照警告程序直接开火。

②使用武器必须有节制,不得漫无目标地进行射击。杀伤性武器开火只有在迫不得已的情况下才能进行。

开火时必须牢记以下几点:

a. 开火必须有明确目标;

b. 发射的子弹数量必须保持在最少限度;

c. 必须采取一切必要的预防措施以避免附带损害。

（7）开火后程序

①必须在急救不会危及生命的情况下,尽快对所有受伤人员实施急救;

②事件的详细经过必须记录在案,包括:

开火的日期、时间和地点;

开火的警队和人员;

导致开火的事件;

开火的原因;

开火的目标;

开火的武器及使用子弹发数;

开火的直接结果及事件现场示意图;

如果可能,录像记录。

③报告

在开火报告完成后,上述信息和当时情况应通过联合国指挥系统,尽快向联合国维和任务区最高领导和联合国总部（维和行动部）报告此事。所有维和警察都应充分、积极地配合对使用武力或武器事件的调查。

三、违反迎战原则的处理程序

每次使用武力事件结束后，不管是否造成伤亡或损失，维和警察都应该尽快通过联合国指挥系统提交事件报告。除了对维和警察使用武力的原则做出了具体的规定外，联合国还制定了违反迎战原则事件的处理程序。

（一）任何违反迎战原则的情况都要以最快的途径，通过联合国指挥系统呈报联合国总部的维和行动部。

（二）由于违反迎战原则的后果可能对友邻部队和下级部队产生影响，应及时向其发出通报。

（三）维和警察必须采取包括训练和教育在内的补救措施避免事件的再次发生。

（四）任何违反迎战原则的行为都将接受正式调查。联合国将根据纪律事宜的指导原则中规定的程序展开调查。调查结果将呈报联合国总部，并由联合国总部向维和警察派遣国提供相关证据和调查结果，以期派遣国采取后续措施和惩戒行为。派遣国也可以自行展开调查。

（五）所有维和警察都应该了解，如果维和警察知道使用武力或武器而将导致人员死亡或重伤的命令明显违反迎战规则的规定，并且维和警察有合理机会拒绝执行该命令而未能停止，由此服从上级命令而违反迎战原则中所包含的规则仍将被视为严重行为不当。而且，违反迎战原则中所包含的规则，下达命令的上级也应承担责任。

第三章

语言控制技能

语言控制技能是维和警察在临战时所采取的一系列掌握和支配对方、使其不能任意活动或超出被限制活动范围的语言控制方法和手段。临战语言控制的目的就是在维和行动中，降低危险发生的可能性，减少或避免维和警察遭受暴力分子的不法侵害，为安全顺利完成维和任务提供保障。

语言控制应限制暴力分子的基本行为。在执行维和任务时，维和警察应有效地保护自己，避免遭受对方的不法侵害，应充分运用语言控制的手段，配合现场的武力威慑，牢牢限制住对方的活动范围，不给对方任何可能的反抗机会。比如，维和警察命令他们"双手展开，不要动，否则使用武力!"这就是反映了维和警察的控制意图，如果不按照维和警察的意图去做，这本身就预示其潜在的危险性，构成侵害维和警察安全的危险状态，必须进一步加强控制措施。

第一节　基本语言控制技能

由于维和行动的特殊性,要求维和警察在实战中首先应防止暴力行为升级,防止出现武装冲突和暴力对抗,应逐步降低危险性,避免造成威胁警察自身和平民安全的严重后果。因此在临战处置过程中,要设法用语言控制和引导对方,使形势向有利于维和警察一面发展,达到其他动作控制、武器控制所达不到的效果。

一、使用临战语言可以在心理上战胜暴力分子

比如,"我是联合国警察,不要动!","双手展开,慢慢转过身去!"等命令,首先表明了维和警察的身份,同时,又明确了对对方行为的限制,起到较好的示警作用,在实战应用时有很强的威慑力,而且,命令的潜意还意味着告诉对方,维和警察已经做好了充分的准备,这将有效遏制他的心理活动,造成心理压力,使之处于一种不敢轻举妄动的境地。在实战行动中,维和警察如果不善于运用示警语言和命令语言,将会丧失利用心理优势威慑对方的有利形势。有一点很重要,各种暴力分子虽然凶残危险,但其惧怕维和警察的心理劣势始终存在着。

二、临战语言使用得当,可降低危险发生的可能性

维和行动中面临的情况十分复杂,特别是在盘查、查控、堵截暴力分子的过程中,必须考虑冲突特点、环境条件、人力火力状况等诸多因素,一旦发现问题,要沉着冷静,见机行事。在一些特殊情况下,更不能随意喊叫,以免导致一场冲突的发生,给其他维和警察生命安全带来危险。例如,搜查时,发现武器就立刻喊叫"有枪"!虽然这一喊提醒了同事,但对方因罪行暴露也会狗急跳墙,加害于维和警察,使本可以采取延时控制、缓兵之计等策略相机制敌的主动权完全消失。

三、临战语言的正确使用为迎战原则的使用创造了合法条件

维和警察在同暴力分子的对峙中,既要严格按照程序,又要符合迎战原则的要求。针对胆敢公开武力对峙的暴力分子,维和警察必须严正警告,晓以利害,对不听劝阻、顽固不化的暴力分子,在具备开枪的条件时,要果断射击,及时制止暴力行为,行使自卫权利,保护自己和平民安全。

四、正确使用临战语言,有利于维和警察协作配合

在维和行动中使用语言相互沟通、互相联系,是避免造成误伤,提高对敌战斗能力的重要手段。

第二节 语言控制的综合运用

语言控制的综合运用,是维和警察结合实战时的具体情况,根据嫌疑人的反应而采取的具体的语言控制方法,要善于用语言引导对方,使其按照维和警察的意图去做,避免出现由于语言控制不当,而出现的不必要的暴力对抗。

在具体语言运用时,应考虑的问题:

首先,维和警察应表明身份和基本意图,取得对方的理解和支持,配合警察的工作。

其次,语言引导对方,对对方的身体做出必要的限制,使其按照维和警察的指令去支配其行为,对出现的不安全行为要及时制止。

最后,根据对方的反应或现场的威胁,随时准备改变语言控制的力度和方式,确保对嫌疑人的控制。

一、人员盘查时的语言运用

语言控制的程序:

"你好,先生,早上好。请停一下。我们是联合国警察,现依法对你进行检查,请配合我们的工作!"——"请不要乱动,听从我的指令,否则会危及您的安全!"——"不要紧张,这只是例行检查。"——"您携带有效证件了吗? 请出示你的证件。"——"不要动! 慢慢地把证件给我。"——"你身上有没有携带危险物品?"——"请展开双手,掌心向外,不要乱动!"——"我的同事将对你进行搜身,可以吗?"——"谢谢你的配合!"——"请从这边离开。"

"Good morning sir, stand still. UN police, ID check, please cooperation. "——"Don't move, follow me, or I will use force!"——"Don't worry, it's just a check. "——"Do you take your ID card? Can you show me?"——"Please show your ID card. Don't move. Slowly. "——"Do you take any dangerous things on your body?"——"Show your hand. Palms out. Don't move. "——"My college will search your body, are you OK?"——"Thank you for your cooperation!"——"Leave from this way. "

二、上铐时的语言运用

(一)站姿上铐时的语言运用

语言控制的程序:

"我们是联合国警察,不要动! 否则使用武力!"——"展开双手,掌心向外!"——"不要乱动,听从我的指令,否则会危及您的安全!"——"把另一只手伸到身后。"

"UN police. Don't move, or I will use force!"——"Show your hand. Palms out. "——"Don't move,follow me, or I will use force!"——"Bring your other hand to the back. "

(二)贴墙上铐时的语言运用

语言控制的程序:

"站住,我们是联合国警察,不要动! 否则使用武力!"——"展开双手,掌心向外!"——"转身面向墙。"——"双手贴墙,举到最高。两脚后撤,撤到最大。两脚分开,分到最大。"——"不要乱动,听从我的指令,否则会危及你的安全!"——"把另一只手伸到身后。"——"跟我走。"

"UN police. Don't move, or I will use force!"——"Show your hand. Palms out. "——"Turn back to face the wall"——"Hands on the wall. Raise your hands to the highest position. Feet back, the biggest distance between the wall and the feet. Split your feet,keep your feet wide apart. "——"Don't move,follow me, or I will use force!"——"Bring your other hand to the back. "——"Follow me. "

(三)跪姿上铐时的语言运用

语言控制的程序:

"站住,我们是联合国警察,不要动! 否则使用武力!"——"展开双手,掌心向外!"——"双膝跪地,两腿交叉,双手放在头顶,十指交叉。"——"不要乱动,听从我的指令,否则会危及你的安全!"——"把另一只手伸到身后。"——"松开双腿,跟我起立。"

"UN police. Don't move, or I will use force!"——"Show your hand. Palms out. "——"Kneel down. Cross legs. Hands on the top of the head. Interlocking fingers. " ——" Don't move, follow me, or I will use force!"——" Bring your other hand to the back. " ——" Release legs. Stand up, follow me. "

（四）卧姿上铐时的语言运用

语言控制的程序：

"站住,我们是联合国警察,不要动！否则使用武力！"——"展开双手,掌心向外！"——"双膝跪地,慢慢趴在地上,掌心向上,眼睛向左看。"——"不要乱动,听从我的指令,否则会危及你的安全！"——"把另一只手伸到身后。"——"弯曲腿。"——"坐在地上。"——"跟我起立。"

"UN police. Don't move, or I will use force!" ——" Show your hand. Palms out. " ——" Kneel down. Lay down slowly. Palms out. Eyes left. " ——"Don't move, follow me, or I will use force!"——" Bring your other hand to the back. " ——" Bend leg. " ——" Sit on the ground. "——" Stand up, follow me. "

（五）车内上铐时的语言运用

语言控制的程序：

"站住,我们是联合国警察,不要动！否则使用武力！"——"双手放在方向盘上！"——"关闭引擎,拔掉钥匙,放在前挡风玻璃处。"——"不要乱动,听从我的指令,否则会危及你的安全！"——"双手放在头顶,十指交叉。"——"前倾,前额放在方向盘上。"——"十指松开,松开安全带。"——"慢慢地下车。"——"趴在地上。"——"把另一只手伸到身后。"——"弯曲腿。"——"坐在地上。"——"跟我起立。"

"UN police. Don't move, or I will use force!" ——"Put your hands on the steering wheel. " ——"Switch off the engine. remove the keys. put it on the dashboard. " ——"Don't move, follow me, or I will use force!" ——"Hands on the top of the head. interlocking fingers. " ——"Lean over, forehead on the steering wheel. " ——"Uncross fingers, release the seat belt!" ——"Get out of the vehicle, slowly. " ——"Lay down on the ground. "——" Bring your other hand to the back. " ——"Bend leg. " ——"Sit on the ground. "——" Stand up, follow me. "

三、武力使用时的语言运用

（一）使用催泪喷射器时的语言运用

语言控制的程序：

"联合国警察，不要动！否则使用催泪喷射器！"

"UN police. Don't move, I will use peper spring!"

（二）使用警棍时的语言运用

语言控制的程序：

"联合国警察，不要动！否则使用警棍！"

"UN police. Don't move, I will use baton!"

（三）使用武器时的语言运用

语言控制的程序：

"联合国警察，不要动！否则使用武器！"

"UN police. Don't move, I will use weapon!"

第四章

徒手防控技能

第一节 基本徒手防控技能

徒手防控技能,是维和警察在执法现场根据嫌疑人的行为、根据自身的准备、根据现场的因素等所采用的相对适合的防控方法,最终目的是确保对嫌疑人行为的限制和对自身安全风险的最大的降低。

一、人体打击部位

根据人体生理学特征,将人体分为三个区域:白色区域、浅色区域、深色区域。规定了什么地方可以击打、什么地方可以选择性击打、什么地方不可以击打或者自卫性击打。

深色区域:自卫禁区,主要包括头、颈、脊椎及躯干中线部位。

浅色区域:适度打击区,主要包括躯干、裆部、关节部位。

白色区域:常规打击区,主要包括深色区域和浅色区域之外的身体各肌肉组织。

白色区域是维和警察平时训练及执勤过程中主要击打的部位,由于白色区域肌肉组织比较丰富,一定力度的打击,会对其造成短暂的痛苦,使其瞬间丧失抵抗能力,但是不会造成严重的损伤,有利于维和警察后续的执法行为。

浅色区域是选择性击打,应控制好击打的力度,击打浅色区域容易使对方致残或造成重大伤害。浅色区域的关节部位、裆部及躯干部,比较脆弱,如果击打力度控制不好,非常容易造成对方的严重损伤。

深色区域的击打,仅限于自卫性打击,头、颈、脊椎及躯干中线等部位属于人体致命部位,对这些部位的打击极易造成对方的死伤或严重伤害。对深色区域的打击仅限于维和警察的自卫行为,即当自己或他人的生命安全受到威胁时所采取的打击。另外,在用徒手动作进行打击时,出于实战的效果,往往避免不了打击对方的深色区域,这时维和警察应对自身的动作做出适当的限制,能达到基本的控制目的,又不会对对方造成严重伤害,这需要维和警察就控制效果与打击程度做出一定的平衡。若达到一种理想的效果,不是靠随意的动作完成的,而是需要平时的训练积累,形成一种本能的动作反应,做到收发自如,灵活有效。

人体正背面打击区域(见图4-1-1):

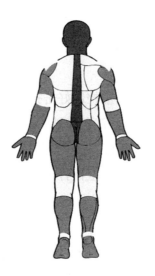

深色区域——自卫禁区

浅色区域——适度打击

白色区域——常规打击

图 4 - 1 - 1

在实际训练中,应严格按照人体打击部位的要求进行训练,根据嫌疑人的对抗程度、现场的危险等级及维和警察携带的装备等因素,确定打击的区域,是进行防御性打击,迫使对方后撤,保持一定的安全距离,是进行选择性打击,加大对对方的肢体伤害程度,使维和警察获得更多的安全空间,还是进行致命性打击,以减少或阻止对方的严重暴力伤害,确保自身或他人的生命财产安全,或重要设施及装备物资的安全。

因此,在日常的训练及实战行动中,维和警察应熟知人体三个打击区域的分布,根据现场的态势、对方的威胁程度等选择相应的打击区域,便于更好地执行任务及维护自身的利益。

二、攻防技能

攻防技能主要是按照人体运动的基本原理,即中线攻防原理,取中线捷径进行攻防,或是面对对方的进攻取中线捷径进行防守并伺机进攻对方。当维和警察与对方面对面站立时,保持一定的戒备姿势,从思想上、身体上做好充分的准备,保持对对方行为的观察。

当对方突然攻击维和警察时,利用人体运动的基本原理,取中线进行防守,如果对方实施的是弧线攻击,运动轨迹比较大,维和警察从中线进行防守,可有效防住或削弱对方对我的攻击,进而占据有利位置,对对方进行快速而准确的打击;如果对方实施的是直线攻击,运动轨迹比较小,维和警察从中线进行防守,可有效阻挡对方对我的攻击,进而占据有利位置,对对方进行快速而准确的打击。

(一)基本的姿势(见图 4 - 1 - 2)

搭手戒备　　　　　　　　　　　　提手戒备

图 4 - 1 - 2

维和警察侧身站立,搭手戒备或双手取中线位置放于前侧,目视前方,保持戒备,时刻准备应对对方的突然攻击。

实用范例:

维和警察与对方面对面站立时,保持积极的戒备姿势,时刻准备中线进行防守(见图4-1-3)。

搭手戒备站立

提手戒备站立

格斗戒备站立

图 4 - 1 - 3

(二)上肢的攻防技能(见图 4 - 1 - 4)

上肢的攻防技能,主要是针对对方上肢的攻击而进行的防守,维和警察保持积极的戒备姿势,两臂夹紧,含胸收腹,目视对方的攻击路线,取中线捷径向前进行防守,积极地贴近对方的身体,阻挡或削弱对方的打击,并根据对方的反应进行必要的打击。

正面

47

右侧面　　　　　　　　　　　左侧面

图 4 - 1 - 4

实用范例：

维和警察与对方面对面站立时，保持积极的戒备姿势，两臂体前弯曲，做好身体中线的防守，时刻准备中线进行防守，并根据对方的漏洞快速进行打击(见图 4 - 1 - 5)。

双方对峙

近身格挡　　　　　　　　　　格挡打击

图 4 - 1 - 5

（三）下肢的攻防技能（见图 4 - 1 - 6）

下肢的攻防技能，主要是针对对方下肢的攻击而进行的防守，维和警察保持积极的戒备姿势，两臂夹紧，含胸收腹，目视对方的攻击路线，积极地原地提膝或提膝前冲，取中线捷径进行防守，阻挡或削弱对方的攻击，并根据对方的反应进行必要的打击。

正面

侧面

图 4 - 1 - 6

实用范例:

维和警察与对方面对面站立时,保持积极的戒备姿势,快速提膝格挡,取中线进行防守或进攻,时刻准备中线进行防守,并根据对方的漏洞快速进行打击(见图 4 - 1 - 7)。

双方对峙

提膝格挡

图 4 - 1 - 7

（四）上下肢的攻防技能（见图 4 - 1 - 8）

上下肢的攻防技能，主要是针对对方上下肢的攻击或不确定对方的攻击路线而进行的上下一体的防守。维和警察应保持积极的戒备姿势，两臂夹紧，含胸收腹，目视对方的攻击路线，积极地原地提膝或提膝前冲，取中线捷径进行防守，阻挡或削弱对方的攻击，并根据对方的反应进行必要的打击。

图 4 - 1 - 8

实用范例：

维和警察与对方面对面站立时,保持积极的戒备姿势,两臂体前弯曲并提膝,进行上下一体的防守,时刻准备中线进行防守,并根据对方的漏洞快速进行打击(见图4-1-9)。

图4-1-9

三、控制技能

控制技能是维和警察在执行维和行动时,限制嫌疑人活动的行为能力,在运用时应充分利用人体生理学特征及关节控制原理,通过简单有效的方式,完成对嫌疑人活动的限制,使其不能任意支配其行为。控制技能主要包括基本控制技能和综合控制技能。

(一)基本控制技能

1. 压臂控制

动作要领：

(1)与对方同向而行时；

(2)从后接近,抓腕要实(见图4-1-10)；

同向而行

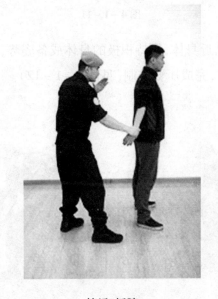

接近、抓腕

图 4 - 1 - 10

（3）抓腕压肘,用手或小臂上沿对其肘部自上而下施压,压直手臂,动作连贯,一气呵成(见图 4 - 1 - 11);

53

| 从上而下施压 | 抓腕压肘 |

图 4 - 1 - 11

(4)压臂并贴近身体,保持积极的身体戒备姿势,必要时可以用腿做杠杆,控制对方,完成压臂控制(见图 4 - 1 - 12)。

| 压臂并贴近身体 | 下压控制 |

图 4 - 1 - 12

（3）抓腕挺肘：进用左手臂将胸前臂肘住其臂，别膝压实；

上步近身要迅速，抓腕要实，抓腕要准，抓腕压肘动作连贯迅猛，一气呵成。压直手臂并用身体紧紧贴住，将对方手臂控制。

2. 别臂控制

动作要领：

（1）与对方同向而行时（见图 4 – 1 – 13）；

图 4 – 1 – 13

（2）从后接近，抓腕要实（见图 4 – 1 – 14）；

图 4 – 1 – 14

（3）抓腕推肘,推肘手臂顺势前滑别住其臂,别紧压实(见图4－1－15);

抓腕推肘　　　　　　　　　别臂贴近身体

图4－1－15

（4）贴近身体,折腕或切颈,保持积极的身体戒备姿势,控制对方(见图4－1－16)。

折腕　　　　　　　　　　　切颈

图4－1－16

动作要点：

上步近身要迅速,抓腕要实,抓腕要准,抓腕推肘要结合关节运动原理,一气呵成,并用身体紧紧贴住其肘部。

3. 锁臂控制

动作要领：

（1）与对方同向而行时（见图4－1－17）；

图4－1－17

（2）从后接近,抓腕要实（见图4－1－18）；

图4－1－18

(3)抓腕拉肘,折腕锁臂,锁紧压实(见图4-1-19);

抓腕拉肘

折腕

锁臂

图 4 - 1 - 19

（4）贴近身体,保持积极的身体戒备姿势,控制对方(见图 4 - 1 - 20)。

下蹲控实

锁臂贴实

锁臂控头

图 4 - 1 - 20

动作要点:

上步近身要迅速,抓腕拉肘、折腕锁臂要连贯,一气呵成,并用身体紧紧贴住其肘部。

（二）综合控制技能

在实战行动中,控制技能的有效运用需要警察、嫌疑人以及时机等因素共同满足时,才能使控制技能得到有效的发挥。由于嫌疑人的状态、时机等因素都是在不断发展变化的,一种控制技能的使用,有时很难达到控制的目的,如果这时警察继续坚持这种控制技能的使用,往往会在很大程度上给予对方反抗的可能。因此,当一种控制方法不足以满足控制需求时,维和警察要善于转换控制技能,将嫌疑人成功控制是最终目的。

1. 压臂控制的转换

（1）压臂控制变锁臂控制（见图4-1-21）

在压臂控制中,对方屈臂反抗,顺势后拉折腕,变成锁臂控制。

压臂控制   后拉折腕

锁臂控制

图 4 - 1 - 21

(2) 压臂控制变别臂控制(见图 4 - 1 - 22)

在压臂控制中,对方屈臂反抗,维和警察左手迅速后收,从后向前撞击对方被控手臂肘关节,迫使对方被控手臂弯曲,左臂顺势向前穿插,变成别臂控制控制对方。

压臂控制

推肘送臂

贴实身体 别臂控制

图 4 - 1 - 22

(3)压臂控制变夹颈控制(见图4 - 1 - 23)

在压臂控制中,对方屈臂反抗,维和警察左臂自上而下撞击对方被控手臂肘关节,迫使对方被控手臂弯曲,右臂顺势向前穿插,夹住对方的颈部,变成夹颈控制控制对方。

压臂控制 砸肘

切颈 夹颈控制

图 4 - 1 - 23

（4）压臂控制变反转控制（见图 4 - 1 - 24）

在压臂控制中,对方屈臂反抗,维和警察左臂自上而下撞击对方被控手臂肘关节,迫使对方被控手臂弯曲,右手控住对方右手,转体向后反转,左手扣住右手腕,三角固定,变成反转控制控制对方。

压臂控制 砸肘折臂

转身   反转控制

图 4 – 1 – 24

2. 别臂控制的转换

（1）别臂控制变压臂控制（见图 4 – 1 – 25）

在别臂控制中,对方直臂反抗,当即将要脱离时,维和警察顺势将对方被控手臂拉直。维和警察左臂后收,从后向前压对方被控手臂肘关节,迫使对方被控手臂拉直,变成压臂控制控制对方。

贴近身体   别臂控制

拉臂压肘　　　　　　　　　　　压臂控制

图 4 - 1 - 25

（2）别臂控制变夹颈控制（见图 4 - 1 - 26）

在别臂控制中，对方欲反抗解脱，维和警察将对方被控手臂控实，并降低身体重心，迫使对方置地。维和警察将右臂顺势抽出，夹住对方颈部，另一臂控制对方被控手臂，变成夹颈控制控制对方。

别臂控制

控制倒地 　　　　　　　　夹颈控制

图 4 - 1 - 26

3. 锁臂控制的转换

（1）锁臂控制变背别控制（见图 4 - 1 - 27）

在锁臂控制中，对方欲反抗解脱，维和警察将对方被控手臂转体后折，将其臂控制于体后。维和警察右手抓手折腕，左手辅助右手完成控制，并从后勒住对方颈部，变成背别控制控制对方。

锁臂控制 　　　　　　　　反转

锁喉　　　　　　　　　　　背别控制

图 4 - 1 - 27

（2）锁臂控制变压臂控制（见图 4 - 1 - 28）

在锁臂控制中,对方直臂反抗,当即将要脱离时,维和警察顺势将对方被控手臂拉直。维和警察左臂后收,从后向前压对方被控手臂肘关节,迫使对方被控手臂拉直,变成压臂控制控制对方。

锁臂控制

<table>
<tr><td>拉臂压肘</td><td>压臂控制</td></tr>
</table>

图 4 – 1 – 28

四、解脱技能

解脱技能是维和警察在执行维和行动时,当身体的某一部位被对方控制时,利用对方身体的关节、要害等部位,完成解脱的专门技能,并结合行动的目的,适时进行解脱反控,将对方进行控制。解脱技能是维和警察应具备的行为能力,它的有效运用在一定程度上避免对方的伤害,完成控制行为。

(一)缠腕压肘

方法一(见图 4 – 1 – 29):

动作过程:

1. 与对方相向站立,对方突然出右手抓我右手腕时;

2. 我左手成八字掌(掌心向下,虎口朝右)向下快速扣压对方右手背;

3. 右手立掌,掌心向内;

4. 以右掌小指一侧为力点,向右下方切压其腕关节;

5. 待对方疼痛、下蹲时,右脚向后撤一大步;

6. 身体右转下压的同时,右手反抓其右手腕后拉,迫使其肘尖朝上;

7. 左臂下压其右肘关节,迫其倒地,将其控制。

对方抓我右手腕

左手扣压

右手立掌

切压其腕关节

后拉   倒地控制

图 4 - 1 - 29

动作要点：

扣腕要快，切压要准；

转身、后拉要迅猛。

方法二（见图 4 - 1 - 30）：

动作过程：

1. 与对方相向站立，对方突然出左手抓我右手腕时；

2. 我左手成八字掌（掌心向下，虎口朝右）向下快速扣压对方左手背；

3. 右手立掌，掌心向内；

4. 以右掌食指一侧为力点，向左下方切压其腕关节；

5. 左右手合力下压其左腕关节，迫其倒地，将其控制。

对方抓我右手腕

左手成八字掌

左手扣压,右手立掌

切压其腕关节

压腕后拉　　　　　　　　　　倒地控制

图 4 - 1 - 30

动作要点：

扣腕要快，切压要准；转身、后拉、压肘要迅猛。

（二）撞击解脱（见图 4 - 1 - 31）

动作过程：

1. 与对方相向站立，对方突然出右（左）手抓我衣领时；

对方抓我衣领时　　　　　　　　拍压

73

左臂弯曲,撞击   脱离接触

图 4 - 1 - 31

2. 我右(左)手拍压其右(左)手背,左臂弯曲,自左(右)向右(左)撞击对方右(左)手臂;

3. 向右(左)转体,完成解脱。

动作要点:

撞击对方手臂,转体要猛而快,牵动其重心。

(三)抓腕压肘(见图 4 - 1 - 32)

动作过程:

1. 与对方相向站立,对方突然出右(左)手抓我衣领时;

2. 我右(左)手拍压其右(左)手背,转体;

3. 左臂弯曲,自上而下压对方肘部;

4. 转体下压;

5. 完成解脱并控制对方。

动作要点:

抓腕要准,扣压要紧;

转体下压要用力。

对方抓我衣领

拍压

转体下压

 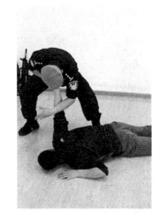

倒地控制

图 4 - 1 - 32

(四)抓手折腕(见图 4 - 1 - 33)

动作过程：

1. 与对方相向站立,对方突然出右(左)手抓我衣领时；

2. 我左(右)手按压其右(左)手背,右(左)抓握其右(左)手,向左(右)转体；

3. 转体折腕,完成解脱,并控制对方。

对方抓我衣领　　　　　　　　按压

抓握　　　　　　　　　　折腕

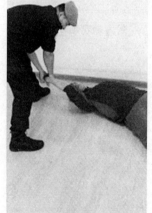

转体折腕　　　　　　　　　倒地控制

图 4 - 1 - 33

动作要点：

扣压手背要紧，转身要突然，转体折腕要连贯。

（五）按压别摔（见图 4 - 1 - 34）

动作过程：

　　1. 对方从我背后偷袭,以右臂紧勒我颈部,左手配合右臂向下拉时;

对方勒我颈部

重心降低,左手下拉

左腿后撤,双手控臂

推压下颌

抱腿后摔

图4-1-34

2. 我快速降低重心,左腿后撤,同时右手快速控制对方夹颈的手臂;

3. 左手绕过对方的右肩,推压对方的下颌;

4. 搬对方的右脚,将对方摔倒。

动作要点:

快速降低重心,控制夹颈手臂;按压下颌准确有力,搬腿要突然。

(六)击腹别压(见图4-1-35)

动作过程:

1. 对方从我正面突袭,出右手抓住我头发下拉时;

2. 我右手迅速扣抓对方右手背下压,并降低重心;

3. 左手顺势打击对方腹部;

对方抓住我头发下拉

右手扣抓

抓手压肘

　　击腹　　　　　　　　　　　控制

图 4 – 1 – 35

4. 我右手抓手,左手压肘;

5. 转体解脱并将其控制。

动作要点:

扣压要准确、牢固,击腹要快、准、狠,抓手、压肘、转体要连贯。

第二节　徒手控制技能的综合运用

　　在从"站立控制"向"地面控制"转化的过程中,维和警察应该根据嫌疑人的不同反应而变化控制技能。

一、压臂控制的变化使用

变化一(见图 4 – 2 – 1):

在压臂控制嫌疑人时,对方伺机逃跑,维和警察顺势踹膝,保持压臂控制,将其控制在地。

图4-2-1

变化二(见图4-2-2):

在压臂控制嫌疑人时,对方伺机反抗,嫌疑人力量与维和警察相当或稍大于维和警察时,维和警察顺势抱住对方被控制手臂,肩部顶实,利用身体重心将其压控在地。

压臂控制

对方反抗

抱住对方被控制手臂

压控在地

图 4 - 2 - 2

二、格挡控制的变化使用

维和警察在应对嫌疑人的反抗时,要本着"变化应用"的原则,随势而变,从容应对。

变化一(见图4-2-3):

双方对峙中,对方突然出拳攻击我时,主动进行格挡,并用切别摔控制将对方摔控在地。

双方对峙

格挡

切别摔

图4-2-3

变化二(见图 4 - 2 - 4):

双方对峙中,对方突然出拳攻击我时,主动进行格挡,并用夹颈摔控制将对方摔控在地。

双方对峙

格挡

夹颈控制

图 4 - 2 - 4

第五章

警械防控技能

警械使用技能训练是维和警察武力使用的重要训练科目,是在徒手防控技能训练基础上进行的训练。按照联合国维和警察武力使用逐步升级的要求,逐渐加大武力使用的强度和效能,力求临战控制达到最优效果。警械使用技能训练主要包括催泪喷射器的使用和警棍的使用。

2006 年公安部装备财务局发布《公安单警装备配备标准》,这一标准的发布,标志着我国单警装备进入现代化、标准化、制度化的新阶段。维和警察单警装备的配备标准基本按照我国警察的单警装备配备标准实施的。

一、维和警察单警装备配备标准

单警装备是指维和警察在值勤、执法等任务中所配备的个人基本装备,它具有救助、防护、约束、制服、杀伤、通信等基本功能。我国维和警察执行各种勤务中单警装备共有 6 类 15 种。

(一)单警装备(6 类 15 种)

1. 标志性装备。主要指维和警察制服。它象征联合国权力和标志职业身份。

2. 制服性装备。是维和警察在勤务中,用于制服、限制和约束违法犯罪嫌疑人的装备。包括枪支、警棍、手铐、催泪喷射器等。

3. 应急性装备。是维和警察用于应对勤务活动中发生的伤害性意外事件或抢险、救助等紧急情况的应急性装备。包括强光手电、警用制式刀具和急救包等。

4. 防护性装备。是维和警察用于防护和保障维和警察人身安全的防护性装备。包括防割手套、防刺服等。

5. 通信类装备。是维和警察用于保障维和警察与维和警察之间、维和警察与指挥员之间通信联络的通信装备。包括对讲机和警务通等。

6. 辅助性装备。是用于装载、佩带各种警用装备和满足维和警察勤务活动中饮水需要的辅助性装备。包括多功能腰带、警用装备包和警用水壶等。

(二)必配单警配备(10 种)

维和警察察制服、伸缩警棍、手铐、催泪喷射器、强光手电、警用制式刀具、急救包、多功能腰带、警用水壶、防割手套。

(三)选配单警装备(5 种)

手枪、防刺服、对讲机、警务通、警用装备包。

二、单警装备的佩带

1. 佩带的顺序

单警装备的佩带要坚持武力升级、便于取放以及根据任务需要而选用的基本要求进行佩带。下面以佩带 QSZ92 式 9mm 手枪的右手为例,从左至右的顺序为:弹匣、伸缩警棍、强光手电、对讲机、警用水壶、手铐、警务工作包或急救包、手枪、催泪喷射器。如携带警用制式刀具其位置在多功能包和手枪之间(见图 5 - 1)。

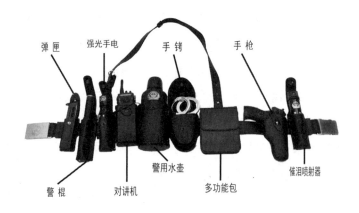

弹匣　强光手电　手铐　手枪

警棍　对讲机　警用水壶　多功能包　催泪喷射器

图 5 -1

2. 佩带的部位（见图 5 -2）

手铐佩带在正后腰位，警棍和手枪分别佩带在正左侧位和正右侧位，弹匣和催泪喷射器分别在左腹前位和右腹前位，警用水壶和急救包（或多功能包）分别佩带在左后腰和右后腰位，强光手电佩带在左侧位警棍后，对讲机佩带在左侧位强光手电后。

三、单警装备配备的基本原则

（一）武力升级

单警装备的配备要符合执行任务武力升级的原则，即装备的放置顺序是根据取放特点逐步升级的，基本按照催泪喷射器——警棍——武器的顺序放置，便于执行任务时的逐步武力升级。

（二）便于取放

装备的放置要便于取放，根据人体生理的活动特点，单警装备放置的位置应该是比较容易取到的位置。另外，也可根据自身使用习惯做出适当调整，便于快速取放。最终的目的是确保使用时能第一时间取出，放置时能易于放回，避免出现不安全漏洞。

（三）任务需要

装备的配备还应坚持任务需要的基本原则,坚持需要什么,就带什么,应根据日常任务特点及规律,将任务中可能使用到的装备携带齐备,将任务中使用不到的装备可以选择配备,最大可能地节省维和警察的装备,提高执法时的效率。

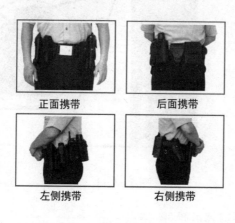

正面携带　　　　　　后面携带

左侧携带　　　　　　右侧携带

图 5 − 2

第一节　基本警械防控技能

一、催泪喷射器的基本使用

催泪喷射器是供维和警察在执行维和行动时,快速制止执法相对人违法犯罪行为,以及防身自卫的器械。催泪喷射器为圆柱形,主要由罐体、阀体、溶剂袋、喷嘴、喷射剂（催泪剂）、保险盖组成,开关为按压式,向下压即可喷射（见图 5 − 1 − 1）。

图 5 - 1 - 1

(一)催泪喷射器的性能、特点

1. 性能参数

催泪喷射器是供维和警察在执行维和行动时,快速制止执法相对人违法犯罪行为,以及防身自卫的器械。

(1)喷射器外径:35mm;

(2)喷射器全长≤l50mm;

(3)喷射器质量≤0.1kg;

(4)喷射器容量为40～50ml;

(5)喷射剂种类:CS(邻氯苯亚甲基丙二腈);

(6)喷射量:每秒喷射量可达131mg;

(7)有效喷射距离:>3m;

(8)使用温度范围:－30℃—＋45℃;

(9)储存年限:≥3年;

（10）密封性能好：在正常使用的情况下，不会发生渗漏、外泄等情况，储存、使用安全可靠；

（11）抗挤压强度高，不会因挤压发生破碎、外泄；

（12）喷射动力源清洁、无污染。

2. 使用方法

（1）一般用强手握喷射器，弱手顺时针沿箭头方向拧动保险盖，压柄自动弹出。

（2）将喷嘴对准目标，用拇指向下按压压柄，便打开阀门，催泪剂立即喷向目标。

（3）使用时可根据现场情况，一次性连续喷射（有效喷射时间 4 秒以上）或反复按压进行点射。

3. 催泪喷射器作用效果

（1）接触后皮肤产生被燃烧的灼热、疼痛感觉，尤其是出汗、湿润的部位。

（2）接触后双眼感觉刺痛，流泪及无法睁眼，失去方向感。

（3）口、鼻吸入溶剂，会导致黏膜肿胀、咳嗽、流鼻涕、呼吸道有疼痛发炎的感觉，胸闷、呼吸急促并出现暂时性的困难，欲语不能。

4. 保养

（1）常温库存，不应与易燃、易爆品混放。

（2）使用后进行清洁，保险盖回位，存放于干燥通风处，注意防潮、向上、小心轻放，远离腐蚀源。

（3）注意使用年限。

（二）催泪喷射器的检查与佩带

1. 检查（见图 5 - 1 - 2）

携带前，摇晃瓶身，确认容器内仍有液体；

检查喷剂是否在有效期内；

91

检查喷嘴与罐体的连接处是否牢固,喷嘴是否清洁。

图 5 - 1 - 2

2. 佩带(见图 5 - 1 - 3)

催泪喷射器的佩带可将催泪器置于袋内,喷射头朝上放置在警用腰带强手腰侧的腹前。

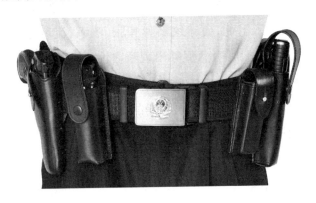

图 5 - 1 - 3

（三）催泪喷射器的持握、取出及回放

1. 单手持握

单手持握分为单手拇指按压式和单手食指按压式。单手持握催泪喷射器存在握持不稳的问题，在实际使用时，应根据持握的松紧度确定是采用拇指按压，还是采用食指按压。

（1）单手拇指按压式（见图5-1-4）

用拇指打开安全阀，进行按压。

图5-1-4

（2）单手食指按压式（见图5-1-5）

用食指打开安全阀，进行按压。

图5-1-5

2. 双手持握

双手持握分为双手拇指按压式和双手食指按压式。双手持握催泪喷射器相对比较稳固。在实际使用时,可便于维和警察控制喷射的方向及对催泪喷射器的保护。

(1)拇指按压式(见图5-1-6)

双手持握催泪喷射器,用拇指打开安全阀,进行按压。

图5-1-6

注:使用此手法握持时需留意食指位置以免遮盖喷嘴。

(2)食指按压式(见图5-1-7)

双手持握催泪喷射器,用食指打开安全阀,进行按压。

图5-1-7

3. 取出

维和警察保持戒备观察,用双手或单手打开喷射器袋,取出喷射器,判明风向直接将喷嘴指向目标。

(1)双手提取(见图5-1-8)

基本流程:

戒备——语言警告——提取——准备喷射。

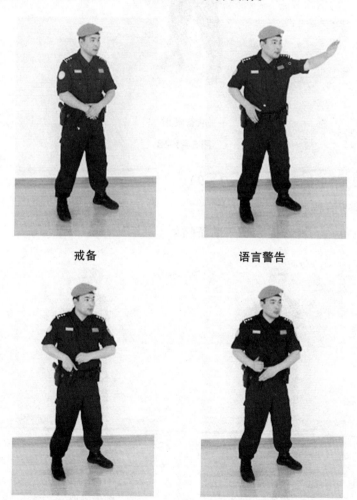

戒备   语言警告

提取

准备喷射

图 5 - 1 - 8

(2) 单手提取(见图 5 - 1 - 9)

基本流程：

戒备——警告提取——准备喷射。

戒备

警告提取

准备喷射

图 5 - 1 - 9

4. 回放(见图 5 - 1 - 10)

维和警察目视目标,将喷射器放入袋中,并扣好袋扣。在整个取出和回放中应注意:提取时应将按压指放在保险盖外,观察准备,并摇晃容器,做好戒备;在使用完毕后,仍然要关好保险盖并将按压指放在保险盖外,再收回。

图 5 - 1 - 10

二、警棍使用的基本技能

警棍是用于防护控制的棍式器械。目前维和警察配备的是伸缩警棍,伸缩警棍可用于防护、攻击及控制等动作,对聚众闹事、斗殴能进行有效制止和驱散,并能有效地保护维和警察自身的安全。警棍属于驱逐性、制服性警械,主要通过击打嫌疑人四肢各神经点使嫌疑人活动能力暂时丧失,或者通过挥舞警棍制造与对方的距离,达到驱逐和制服效果。在实战应用时,应充分根据嫌疑人及现场的态势,按照迎战原则的要求,选择使用相应的攻防动作。由于警棍的打击杀伤力比较大,使用不当可能致残或致命。因此,实战应用时应控制好警棍的打击力度和幅度。

(一)伸缩警棍的性能、检查与握持

1. 结构

伸缩警棍主要由尾盖、卡簧(磁力端座)、握柄(含握把套)、中管、前管及棍头组成(见图 5 − 1 − 11)。

2. 伸缩原理

伸展警棍:利用惯性原理将中管和前管甩出,靠圆锥面的摩擦力将各节管锁住。

回收警棍:将警棍垂直下磕于硬质地面或物体,端盖的磁铁将中、前管固定在握柄内。

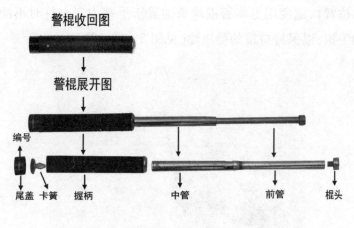

图 5 - 1 - 11

3. 使用方法

(1)从警棍套中取出后,利用惯性甩出中管、前管;

(2)回缩时只需要扭动棍头旋钮,下压即可;

(3)收回中管、前管,可将伸缩警棍放入警棍套中;

(4)注意回收时,不可顶端撞击墙体或地面强行使其回缩;

(5)禁止自行拆装。

4. 检查

(1)携带前,检查外观是否有破裂及生锈;

(2)在确定安全的空间后,适度用力将中管和前管甩出,检查各节管间连接处和棍头,确认其连接卡锁的牢固;

(3)将警棍的中管、前管收回,检查磁力端座及卡位螺丝,确认其卡锁的牢固;

(4)使用伸缩警棍前必须检查伸缩警棍棍头、尾盖是否拧紧,防止使用时棍头、尾盖滑脱,警棍各部件甩出。

5. 握持

持握警棍应握在握柄的中间部位(距离警棍末端约 2 ~ 3 根手指

宽度的位置),适度用力将警棍均衡地置于手掌内。击打时不能放松手腕和手指,以保持持棍的稳固性(见图 5 – 1 – 12)。

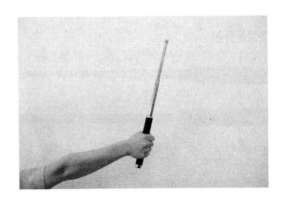

图 5 – 1 –12

(二)开棍及收棍

1. 开棍

(1)上开棍(见图 5 – 1 – 13)

动作要领:

目视目标,快速取棍,迅速抬肘大臂带动小臂向斜上方,大约 45°左右挥动,利用惯性将警棍打开,呈戒备姿势。

快速提取

迅速抬肘

向上开棍 　　　　　　　　　　　 戒备

图 5 - 1 - 13

(2)下开棍(见图 5 - 1 - 14)

动作要领:

目视目标,大臂带动小臂斜向下挥动,利用惯性将警棍打开,警棍打开后呈戒备姿势。

快速提取 　　　　　　　　　　 向下开棍

向上翻转　　　　　　　　　　戒备

图 5 – 1 – 14

2. 收棍(见图 5 – 1 – 15)

动作要领:

身体下蹲,保持观察戒备,弱手自然置于体前或放在前膝盖上,强手持握柄,将棍头向下,垂直撞向硬物一次松开第一个伸缩锁,随即撞第二次将第二个伸缩锁撞开,将警棍收拢,随后用拇指按平棍头,将警棍放入警棍套。

下蹲　　　　　　　　　　砸地

起立　　　　　　　　　　　棍入套

图 5 – 1 – 15

(三)警棍的攻击技能

1. 劈击

在肩上戒备状态下,直接将警棍顺势打出,另一手做好防护,保持积极的戒备姿势(见图 5 – 1 – 16)。

动作要领:

肩上戒备,双腿稍屈,身体转动,带动警棍,快速挥棍击打,着力点在棍身,劈击对方的手臂(内、外两侧)等部位。实际使用时可结合脚步进行劈击。

动作要点:

劈击结合身体的转动,斜线劈击,注意击打的幅度和力度。

图 5 – 1 – 16

实用范例：

当双方对峙时，多用于直接对对方左臂部的斜线打击，或针对对方的攻击而进行的防卫性打击(见图 5 – 1 – 17)。

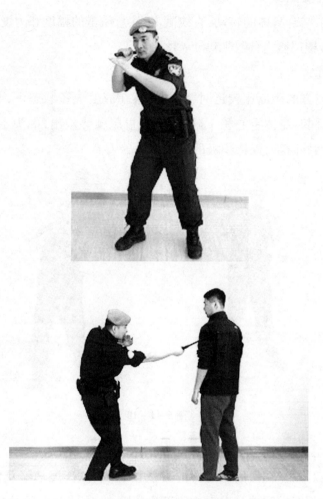

图 5 -1 -17

2. 戳击

动作要领：

肩上戒备，双腿稍屈，身体转动，带动警棍，力达棍端，快速向前戳击。戳击主要是针对对方腹部以上的部位进行攻击。实际使用时可结合脚步移动，发力戳击。

动作要点：

戳击结合身体的转动，直线戳击，注意戳击的幅度和力度。

（1）棍尾戳击（见图5-1-18）

动作过程：

与对方的距离比较近时，维和警察在肩上戒备状态下，身体向右侧扭转，同时身体重心稍下降，将警棍棍尾顺势戳出，棍头不要离肩，另一手做好防护，保持积极的戒备姿势。

图5-1-18

实用范例：

当双方对峙时，面对对方的突然接近，或在警棍来不及伸展的情况下，用警棍棍尾快速对对方胸部进行戳击，迫使对方后退，保持安全距离（见图5-1-19）。

戳击目标

图 5 - 1 - 19

（2）棍头戳击（见图 5 - 1 - 20）

动作过程：

与对方的距离比较远时，维和警察在肩上戒备状态下，身体向右侧扭转，同时身体重心稍下降，将警棍棍头顺势戳出，持棍手臂伸直，另一手做好防护，保持积极的戒备姿势。

图 5 - 1 - 20

实用范例：

当双方对峙时，面对对方的突然接近，在距离足够的情况下，用警棍棍头快速对对方胸部进行戳击，通过防御性戳击迫使对方后退，保持安全距离(见图5-1-21)。

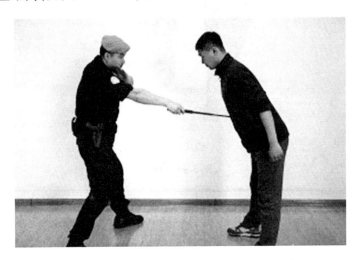

图5-1-21

3. 横扫(见图5-1-22)

动作要领：

在肩上戒备状态下，双腿稍屈，身体转动，带动警棍，力达棍身，左右挥动警棍，击打对方的大腿内外侧、手臂内外侧等部位，另一手配合持棍手左右挥舞。横扫属驱散性攻击动作，实际使用时可结合脚步移动，发力横扫。

动作要点：

通过身体的转动，持棍手臂快速左右挥舞，控制住挥舞的速度和幅度，另一手做出积极的防护动作。

图 5 - 1 - 22

实用范例:

当双方对峙时,面对对方的突然接近或驱散目标时,将警棍快速体前挥舞,迫使对方后退(见图 5 - 1 - 23)。

图 5 - 1 - 23

（四）警棍的防守技能

1. 单手持棍格挡（见图 5 - 1 - 24）

动作要领：

肩上戒备,双腿稍屈,身体转动,带动警棍,力达棍身;快速向侧前格挡,另一手做好积极的防护。

动作要点：

转体要快,力达棍身,迅速侧前挡。

图 5 - 1 - 24

实用范例：

当双方对峙时,面对对方右拳的突然攻击,右滑步闪躲,持棍格挡（见图 5 - 1 - 25）。

图 5 - 1 - 25

2. 双手持棍格挡(见图 5 - 1 - 26)

动作要领：

在肩上戒备状态下,将警棍快速置于胸前,双腿稍屈,左手握棍头部,力达棍身;快速向被攻击方向格挡,将双臂推直,并快速回收。格挡是防守动作,实际使用时可结合脚步移动,快速格挡。

动作要点：

双手握持警棍,力达棍身,快速向被攻击方向格挡;将双臂推直,并快速回收,做好积极的防御姿势。

图 5 - 1 - 26

实用范例：

当双方对峙时,面对来自上方的突然攻击,重心迅速降低,双手持棍格挡(见图 5 - 1 - 27)。

图 5 – 1 – 27

第二节 警械防控技能的综合运用

一、催泪喷射器的综合运用

(一)基本使用技巧

1. 警告(见图 5 – 2 – 1)

在喷射之前,用语言控制对方:"UN POLICE! DO NOT MOVE! I WILL USE TEAR GAS!"(联合国警察! 不要动! 否则使用催泪喷射器!)(反复警告)。

根据情况,如需要应命令现场无关人员进行躲避,以免伤及无辜。

图 5 - 2 - 1

2. 摇晃

图 5 - 2 - 2

　　使用催泪器喷射之前,应对催泪器进行摇匀。使用时应注意风向,在喷射目标的上风方向(见图 5 - 2 - 2)。

　　3. 喷射技巧

　　喷射使用时,喷罐垂直,瞄准对方面部,用强手食指或拇指按喷雾

113

按钮,每次喷射约一秒,喷射手法通常有以下几种(见图5-2-3):

　　第一种,环绕式

　　第二种,左右式

　　第三种,上下式

　　第四种,雨雾式

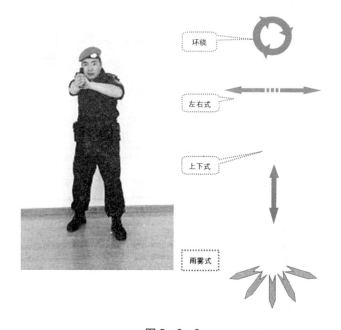

图5-2-3

4. 喷射后移动及观察

　　每次喷射约持续1秒钟,为防止嫌疑人进攻,喷射后应迅速移动位置,保持距离,并观察对方(见图5-2-4)。

观察

移动

观察

图 5 - 2 - 4

5. 喷射的善后处理

(1) 告诫与安慰

遭受催泪剂刺激的人往往紧张而激动,维和警察应及时进行语言控制进行安慰,切勿令对方揉擦双眼或面部。

(2) 清除感染物

①将目标移至未受喷雾剂感染的范围,保持现场空气流通;

②固定目标位置,使目标放松,进行正常的呼吸;

③用大量清凉淡水冲洗眼睑,可用非油性肥皂和水冲洗受影响部位;冲洗后用湿或干的纸巾吸干受影响部位,不可揉擦;

④如果对方戴有隐形眼镜应进行摘除。

(3) 询问

经过清水清洁后,应对对方进行以下询问,以确保无意外发生。

第一,当时是否受药物及酒精影响?

第二,在过去的 8 小时内是否使用药物或酒精?

第三,是否心脏病、肺病、糖尿病、高血压、哮喘病、过敏症患者?

第四,是否有过敏症?

(4)观察

眼部及面部不适的感觉应在 15 至 30 分钟内明显消退;呼吸道不适的感觉最多 60 分钟即得到改善,但仍会出现咳嗽、异物感。如不适症状一直持续,则应送往医院处理;被喷剂影响的嫌疑人不应无人照顾;押送此类嫌疑人时,切勿令对方以俯或卧的姿势进行,否则会增加其胸部呼吸的阻力。

(二)操作流程

催泪喷射器的使用基本的操作流程如下:

保持距离——口头警告、拿取催泪器——警告无效、喷射——移动位置,观察评估——再次警告——接近控制——告诫与安慰——清洗处理——控制——控制带离(见图 5 - 2 - 5)。

保持距离

口头警告、拿取催泪器

警告无效、喷射

移动位置,观察评估

再次警告、接近控制

告诫与安慰

清洗处理

120

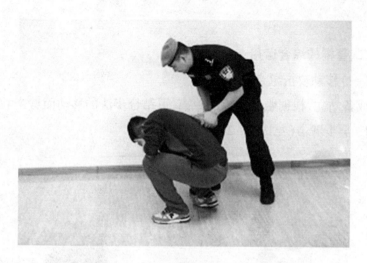

控制

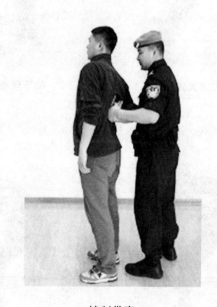

控制带离

图 5 - 2 - 5

二、警棍的综合运用

(一)移动攻击组合

戒备站立,根据距离目标的距离,可结合步法的移动而劈击。

1. 上步劈击(见图5-2-6)

右脚向右侧大跨步

向下劈击

左脚向左侧大跨步

向下劈击

图5-2-6

动作要领：

（1）左（右）脚向前推进，右（左）脚跟进；

（2）向身体的右（左）侧前跨出一大步的同时，蹬地、转腰挥臂；

（3）由右（左）向左（右）整体发力挥动警棍，着力点在棍身，劈击对方的大腿外侧或内侧等部位。

2．上步横扫（见图 5 - 2 - 7）

左右大跨步横扫劈击，对对方的大腿外侧、手臂等部位进行左右挥击。在实际运用中，可以对闹事的人群进行戒备、警告及左右扫劈击，同时身体做向前或向后移动，驱赶人群。

动作要领：

（1）将警棍收于弱手腋下；

（2）左（右）脚向前推进，右（左）脚跟进；

（3）向身体的右（左）侧前跨出一大步的同时，蹬地、转腰挥臂；

（4）在移动中左右挥击警棍。

警棍收于腋下跨步　　　　　　　　横扫

图 5 - 2 - 7

（二）攻击对方手臂组合（见图5－2－8）

对抗状态下，维和警察对一个嫌疑人进行戒备、警告、出棍警告；对方挥拳攻击（或持器攻击），维和警察应该结合步法移动（纵向或横向），以身体带动警棍劈击对方攻击手臂的内侧或者外侧。

对方持械攻击，维和警察警告、戒备

劈击格挡

警告,保持观察

图 5 - 2 - 8

(三)攻击对方大腿组合

对抗状态下,维和警察对嫌疑人进行戒备、警告、出棍警告;对方挥拳攻击时(或持器攻击),维和警察使用棍上步劈击对方的大腿,然后后撤或侧闪,戒备、警告(见图 5 - 2 - 9)。

对方持械攻击,维和警察警告、戒备

劈击大腿

警告,保持观察

图 5 - 2 - 9

(四)结合徒手技术

双方对峙,语言控制对方,对方突然持械攻击,用掌推击对方,通过防卫性打击拉开距离。再次语言警告无效,快速移动位置,使用警棍劈击动作,击打其大腿部,继续保持距离,戒备观察(见图5-2-10)。

语言控制对方

推击

保持距离

语言警告

打击

警告,保持观察

图 5 - 2 - 10

(五)警棍攻防控制(见图 5 - 2 - 11)

动作过程:

1. 双方对峙,对方持械,维和警察持警棍戒备,语言控制对方,对方突然攻击；

    2. 维和警察首先快速移动位置，进行有效格挡；

    3. 然后用警棍打击其持械手臂，将凶器击落；

    4. 保持安全距离，戒备观察。

双方对峙

移动格挡

准备打击

击打持械手臂

警告,保持观察

图 5 – 2 – 11

第六章

武器防控技能

武器使用是维和警察武力使用训练的重点内容,它是维和警察必备的执法能力,是维和警察基本的职业素养。根据联合国维和警察训练大纲的要求,射击者必须按照联合国要求使用武器,确保武器使用安全。

一、武器使用规则

五条"黄金规则":

(一)所有的武器在验证之前都应该视为装上弹药的。

(二)无论何时都不能将枪口对人。

(三)除非你准备射击,否则不要把食指放在扳机上。

(四)认清射击目标,并注意环境是否适合射击。

(五)只有在你准备射击时,才能将武器对准射击目标。

二、武器使用指导

(一)无论何时,作为持武器者,你都应该将你手中武器当作是处于带弹状态。

(二)安全的射击方向是指在子弹偏离目标时也不会造成人员

伤害。

（三）为减少枪支走火，无论何时都不要把食指置于扳机上，除非你准备射击。

三、武器使用要求

（一）射击者必须独立按照联合国标准，确保武器使用安全。

（二）对于初用枪的人，射击前必须先关保险并保证手枪内的弹夹是空的，经教官检查和同意后，方可进入射击程序。

（三）对于射击经验丰富的人员来说，学会采用单膝跪地式射击能够更好地确保武器使用安全。

四、常见的违规操作

（一）非指向目标射击时食指扣压在扳机上。

（二）枪口指向超过安全射界。

（三）双手握手枪时左手拇指错放在右手虎口处。

（四）拉套筒时食指抓在枪口上。

五、枪支使用规则

（一）使用武器前后，必须验枪，任何情况下枪口不准对人。

（二）在更换弹匣、动作变换时，枪口必须指向目标方向，上下左右摆动不准超过45°。食指必须贴于扳机护圈的一侧，严防发生意外。

（三）爱护武器设备，及时检查、擦拭。

第一节　基本武器防控技能

目前,我国维和警察在任务区执行维和任务,主要配备的是QSZ92式9mm手枪和95自动步枪。基本武器防控技能包括QSZ92式9mm手枪的基本使用和95自动步枪的基本使用。

一、QSZ92式9mm手枪的基本使用

(一)基本操作

1. 佩带

(1)佩带方法

维和警察着制式警服训练或执行正常勤务时,应按规定佩带手枪。手枪的佩带包括腰侧佩带和腿部佩带两种佩带方法(见图6-1-1)。

腰侧佩带　　　　　　　　腿部佩带

图6-1-1

（2）枪弹佩带状态

为了快速进入射击状态,枪弹携带应该是:

①按规定携带子弹数量并装入弹匣。

②将一个实弹匣装入枪内,严禁子弹上膛,打开保险,将枪装入枪套内,扣好枪套扣。

③将其余的实弹匣装入弹匣套内并扣好。

2. 交接枪

交接手枪时,首先应将弹匣卸下,空仓挂机;左手握持枪支套筒部位(接枪人能看到弹匣仓和枪膛),右手持弹匣;先交接枪,后交接弹匣。不要将食指放在扳机上,枪口朝安全的方向。

（1）发枪人员的手法

安全检查后,将枪支反握,递交给领枪人员(见图6-1-2)。

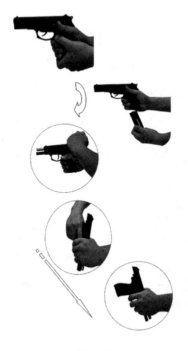

图6-1-2

（2）领枪人员手法

领枪人员顺势接过枪并装入枪套内,在验枪区进行安全检查(见图6-1-3)。

图6-1-3

注意:

在任何时候需要交接枪支都必须清楚枪支及弹药的状态,并养成正确、安全领退、交接枪支弹药的习惯。

（二）基本射击姿势

1. 立姿射击姿势

（1）侧身射击姿势(见图6-1-4)

动作要领:

①侧身自然站立,两脚前后不在同一直线上,强手同侧脚置于后方;

②强手臂自然伸直;

③弱手臂配合强手臂自然弯曲；

④头部微向强手肩部倾斜。

正面　　　　　　　　　　　　侧面

图 6 - 1 - 4

（2）正面射击姿势（见图 6 - 1 - 5）

动作要领：

①两脚平行站立；

②上体正面向前；

③两手臂自然前伸；

④两臂与身体呈等腰三角形；

⑤头部微向强手肩部靠。

正面半身 　　　　　　　　正面全身

图 6 - 1 - 5

2. 跪姿射击姿势

(1) 低位跪姿(见图 6 - 1 - 6)

低跪姿戒备 　　　　　　　低跪姿射击

图 6 - 1 - 6

动作要领:

①单膝跪地(通常是强侧腿跪地),脚尖支地;

②上体重心后移,臀部放置于支撑脚上;

③强手臂自然伸直;

④弱手臂配合强手臂自然弯曲,肘部放于前腿膝盖上侧,贴实;

⑤头部微向强手肩部倾斜。

(2)高位跪姿(见图6-1-7)

动作要领:

①单膝跪地(通常是强侧腿跪地),脚尖支地;

②上体立起,含胸收腹;

③强手臂自然伸直;

④弱手臂配合强手臂自然弯曲;

⑤头部微向强手肩部倾斜。

高跪姿戒备　　　　　　　　　　　高跪姿射击

图6-1-7

3. 卧姿射击姿势

（1）正向卧姿（见图6－1－8）

动作要领：

①全身卧地，目视前方；

②两腿平行分布于身体两侧，两脚内侧着地；

③两手臂自然前伸；

④头部微向强手肩部倾斜。

正向卧姿戒备　　　　　　　　　　正向卧姿射击

图6－1－8

（2）侧向卧姿

方法一（见图6－1－9）：

动作要领：

①全身卧地，目视前方；

②两腿分布于身体一侧（通常是弱手侧），两脚内侧着地；

③强手臂自然伸直；

④弱手臂配合强手臂自然弯曲；

⑤头部微向强手肩部倾斜。

图 6 - 1 - 9

方法二(见图 6 - 1 - 10):

动作要领:

①全身卧地,目视前方;

②两腿分布于身体一侧(通常是弱手侧);

③弱侧腿弯曲置于强侧腿上;

④强手臂自然伸直;

⑤弱手臂配合强手臂自然弯曲;

⑥头部微向强手肩部倾斜。

图 6 – 1 – 10

二、95 自动步枪的基本使用

（一）基本操作

1. 佩带

枪背带是枪支携行的辅助工具,其使用可以增加枪支操作的灵活性与安全性,增强实际作战能力。目前枪背带大致分为两种:两点式枪背带和三点式枪背带。不同的勤务形式和勤务目的有着不同的携带方法,下面简单介绍四种常用的枪背带的使用方法。

（1）背后挂枪(见图 6 – 1 – 11)

优点:奔跑或长距离行进,可以腾出双手。

缺点:形成射击动作慢,行进中不易控制枪口和紧急出枪。

正面 　　　　　　　　　　 侧面

图 6 – 1 – 11

（2）胸前挂枪（见图 6 – 1 – 12）

用枪带将枪的前后端连接，是常用的，可使枪支靠紧身体，增加了携带的稳定性，便于快速抵肩瞄准射击，运动时，枪支会大幅摆动，需要用手控制。

正面 　　　　　　　　　　 侧面

图 6 – 1 – 12

144

（3）礼宾挂枪（见图6-1-13）

礼宾持枪方式,是当举行礼仪活动或外宾接待时的一种持枪方式,此种持枪方式具有一定的美观性。

正面　　　　　　　　　　　　侧面

图6-1-13

（4）三角背带挂枪（见图6-1-14）

此种携带枪支的方法可以增加枪的整体固定性,可以腾出双手,能快速形成射击姿势。

挂于体前　　　　　　　　　　挂于体侧

图6-1-14

特别提示：

枪背带选择没有统一规定,使用者应根据使用环境、战术目的来选择不同种类的枪背带和携行方法。值得特别注意的是,无论何时,应注意枪口的指向。

2. 更换弹匣

在实战中也许你只发射几发子弹就结束了战斗;也可能会出现,战斗持续时间长,战斗强度大的情况,需要在战斗进行中更换弹匣,也许情况并不多见,但是只要有可能,就必须要掌握,实战中要确保枪支处于满载弹药状态下。

更换弹匣时应当注意以下几点:

第一,应当在掩护物后换弹匣,通知在场的同伴提供火力掩护;

第二,需要转换位置或移向危险区前,应先将枪换上新子弹匣;

第三,不要在子弹打完的情况下再换弹匣;

第四,在整个更换弹匣过程里,双眼和枪口都要朝着威胁所在方向。

(1)常规更换弹匣(见图6-1-15)。

先卸下弹匣入弹匣袋,再取出实弹匣装上。

图6-1-15

（2）快速更换弹匣

①紧急更换弹夹（弹匣无弹情况下）

用左手取出备用弹匣,同时用左手大拇指迅速按压弹匣卡锁,让空弹匣自由落下,将弹匣插入弹匣槽装上,保持枪面正直,左手伸开食指钩住枪机后拉到位后放开,送弹上膛,握下护手成射击姿势（见图6－1－16）。

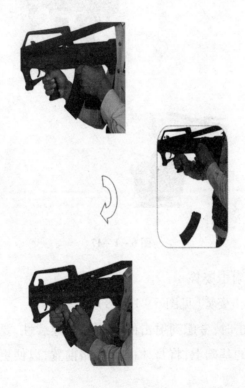

图 6－1－16

②战术更换弹夹（弹匣中有余弹情况下）

左手将弹匣卸下交到右手握住,迅速取出备用弹匣装上,将换下的弹匣装入弹袋,恢复射击姿势（见图6－1－17）。

图 6 – 1 – 17

（二）基本射击姿势

1. 立姿射击姿势（见图 6 – 1 – 18）

应用性射击时,考虑到射击的快速性和连续性,要求维和警察在基础射击姿势的基础上,将身体的重心略前置,以便更好地控制枪的稳定性。

动作要领：

（1）双脚侧身前后站立略比肩宽；

（2）双膝微曲,上体前倾重心略前,枪托抵实肩窝,双手合力抵住肩窝,贴腮固定枪身；

（3）上体向前倾,抵消射击时的后座力。

立姿射击姿势半身　　　　　　　　立姿射击姿势全身

图 6 - 1 - 18

2. 跪姿射击姿势

(1)低位跪姿(见图 6 - 1 - 19)

动作要领:

①单膝跪地(通常是强侧腿跪地),脚尖支地;

②上体重心后移,臀部放置于支撑脚上;

③强手臂内收,夹紧贴实身体;

④弱手臂配合强手臂自然弯曲,肘部放于前腿膝盖上侧,贴实;

⑤头部微向强手肩部倾斜。

正面　　　　　　　　　　　侧面

图 6 – 1 – 19

（2）高位跪姿（见图 6 – 1 – 20）

动作要领：

①单膝跪地（通常是强侧腿跪地），脚尖支地；

②上体立起，含胸收腹；

正面　　　　　　　　　　　侧面

图 6 – 1 – 20

③强手臂内收,夹紧贴实身体;

④弱手臂配合强手臂自然弯曲;

⑤头部微向强手肩部倾斜。

3. 卧姿射击姿势

(1)方法一(见图 6 - 1 - 21)

动作要领:

①全身卧地,目视前方;

②两腿分布于身体一侧(通常是弱手侧),两脚内侧着地;

③强手臂内收,夹紧贴实身体,肘部支地;

④弱手臂配合强手臂自然弯曲,肘部支地;

⑤头部微向强手肩部倾斜。

图 6 - 1 - 21

(2)方法二(见图 6 - 1 - 22)

动作要领:

①全身卧地,目视前方;

②两腿分布于身体一侧(通常是弱手侧);

③弱侧腿弯曲置于强侧腿上；

④强手臂内收,夹紧贴实身体,肘部支地；

⑤弱手臂配合强手臂自然弯曲,肘部支地；

⑥头部微向强手肩部倾斜。

图 6 – 1 – 22

第二节　武器防控技能的综合运用

目前,我国维和警察在任务区执行维和任务,主要配备的是 QSZ92 式 9mm 手枪和 95 自动步枪。武器防控技能的综合运用包括 QSZ92 式 9mm 手枪的综合运用和 95 自动步枪的综合运用。

一、**QSZ92 式 9mm 手枪的综合运用**

（一）利用掩护物射击

第一，根据掩护物的形状，采取相应的姿势。

第二，应尽可能在掩护物侧面而不是在其顶部瞄准射击，在掩护物侧面射击可减少身体暴露的面积。

第三，射击时不要让枪接触到掩护物的任何部分，如果需要掩护物作支持，可用弱手或前臂贴靠掩护物，身体尽可能在掩护物安全影区。

（1）立姿掩护物后射击

①掩护物后强手边射击（见图 6-2-1）

手枪靠近掩护物，但不能靠在掩护物上，枪也不能过多地露出掩护物。在掩护物后前后站或平行站。

正面　　　　　　　　　　　　　背面

图 6-2-1

②掩护物后弱手边射击（见图 6-2-2）

掩护物弱手边射击，肘部回收，强手腕微向目标弯曲。

正面   侧面

图 6 - 2 - 2

（2）跪姿掩护物后射击（见图 6 - 2 - 3）

手枪靠近掩护物，但不能靠在掩护物上，枪也不能过多地露出掩护物。掩蔽物外侧腿跪地，通常采用高位跪姿，便于快速移动。

正面   侧面

图 6 - 2 - 3

（3）卧姿掩护物后射击（见图 6-2-4）

手枪靠近掩护物，但不能靠在掩护物上，枪也不能过多地露出掩护物。肢体位于掩护物的后侧。

正面　　　　　　　　　　　侧面

图 6-2-4

（二）战术移动

1. 踏浪式前进（见图 6-2-5）

动作要领：

（1）朝危险区域前进时，应将枪口朝前，保持戒备；

（2）通过瞄准线进行瞄准（在危险区域）；

（3）将身体重心放低；

（4）必要时停止前进，危险排除后，采用小步前进；

（5）当脚步前进时，脚跟着地时，将脚趾抬起；

（6）踏浪式前进。

前进 脚步动作

图 6 - 2 - 5

2. 踏浪式后退(见图 6 - 2 - 6)

动作要领:

(1)朝危险区域后退时,应将枪口朝前,保持戒备;

(2)通过瞄准线进行瞄准(在危险区域);

(3)将身体重心放低;

(4)必要时停止后退,危险排除后,采用小步后退;

(5)当脚步后撤时,脚趾着地时,将脚跟抬起;

(6)踏浪式后撤。

后退　　　　　　　　　　　脚步动作

图 6 – 2 – 6

3. 战术扫视(见图 6 – 2 – 7)

动作要领:

(1)在运用战术动作对周围环境进行更大的观察时,不影响随时准备射击;

(2)眼睛随武器一起移动,视线和准心缺口保持在一条线上;

(3)慢速移动;

(4)将枪支放低 5° ~ 10°,同时继续保持视线和准心缺口保持在一条线上。

图 6 - 2 - 7

4. 战术窥视(见图6 - 2 - 8)

动作要领:

(1)在运用战术动作对墙角后环境进行更大的观察时,不影响随时准备射击;

(2)靠近墙角时,弱侧手置墙,枪支回收近身,枪口指向前方;

(3)枪支快速前出,指向目标方向。

图 6 - 2 - 8

（三）防卫射击

当攻击者突然近身时，通过防卫性攻击与对方拉开距离，持枪控制，准备射击（见图6－2－9）。

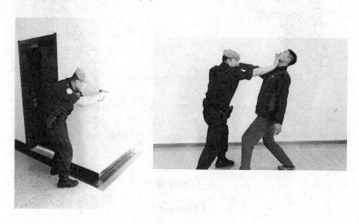

防卫与打击

攻击，拉开距离

持枪控制

图6-2-9

二、95自动步枪的综合运用

(一)快速瞄准

使瞄准线(枪面)和视线快速重合,瞬间将视力回收,校对准星与缺口的平整面,对准目标;在保持以上动作固定的同时再迅速将视力前移锁定目标(快速瞄准时视线焦点始终处于收回、前推循环状态中),在确保目标清晰的同时,校对准星缺口,确保准星缺口平整。

(1)低戒备状态下的快速瞄准(见图6-2-10)

瞄具平面上移和视线重合指向目标指向瞄区。

图 6 - 2 - 10

（2）高戒备状态下的快速瞄准（见图 6 - 2 - 11）

两臂前送,枪托上移时,瞄线和视线能迅速重合。

图 6 - 2 - 11

（二）快速击发

食指匀速（比正常击发速度要快）正直向后（虎口方向、瞄准眼睛方向）扣压扳机直至枪响（见图 6 - 2 - 12）。

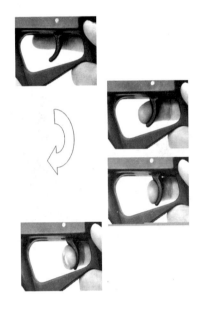

图 6 – 2 – 12

（三）点射（见图 6 – 2 – 13）

控制长、短点射的方法：

点射扣扳机的动作和快速击发要领相同,只是枪响后食指快速松开扳机的快慢决定连续射击几发子弹；

扳机松得快,1~3 发子弹射出；

扳机松得稍慢,3~5 发子弹射出；

扣住扳机不松,弹匣里子弹将全部射出。

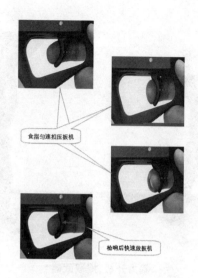

食指匀速扣压扳机

枪响后快速放扳机

图 6 - 2 - 13

（四）防卫射击

当攻击者突然近身时，通过防卫性攻击与对方拉开距离，持枪控制，准备射击（见图 6 - 2 - 14）。

警械控制

163

暴力升级,提取武器

持枪控制

图 6 - 2 - 14

第七章

防控技能的综合运用

第一节　防控技能戒备姿势

防控技能戒备姿势是维和警察在执行任务时,最基础的身体状态,它的有效运用可以使维和警察面对危险时占据更多的主动权,从而最大可能地保护自己,完成行动任务。主要包括徒手戒备姿势、警械戒备姿势和武器戒备姿势。

一、徒手戒备姿势

徒手戒备姿势是维和警察在执行维和行动时,最基础的戒备姿势,它的运用在一定程度上可以有效防止或减弱攻击者对维和警察的伤害。在实战运用时,主要是维和警察到达现场与嫌疑人对峙,在不足以使用其他防控手段控制或来不及使用其他手段予以控制时,所采用的防控技能。主要包括侧身戒备姿势、搭手戒备姿势、提手戒备姿势和格斗戒备姿势。

（一）侧身戒备姿势（见图7－1－1）

侧身站立,两腿保持一定弯曲度,以便随时启动做出防守或进攻的动作。

动作要领:

1. 维和警察两脚前后开立,自然站立;

2. 两手自然下垂腿部两侧,目视前方,神态自然,保持戒备状态。

正面　　　　　　　　　　　　　侧面

图7－1－1

（二）搭手戒备姿势（见图7－1－2）

动作要领:

1. 维和警察侧身戒备姿势站立;

2. 左手在腹前轻轻扣搭在右手腕部,目视前方,神态自然,保持戒备状态。

正面   侧面

图 7 – 1 – 2

（三）提手戒备姿势（见图 7 – 1 – 3）

正面   侧面

正手

正面   侧面

反手

图 7 - 1 - 3

动作要领:

1. 维和警察侧身戒备姿势站立;

2. 两手成掌,屈臂抬起,自然置于前方,目视前方。

(四)格斗戒备姿势

格斗姿势是徒手实战前的一种既有利于防守又便于进攻的准备姿势,即格斗的预备式。它要求全神贯注、精力集中,既不紧张僵直又相对放松,做到进攻灵活,防守严密,移动方便。要求身体自然放松,两手握拳,屈臂置于胸前,含胸拔背,沉肩垂肘,两腿微屈。

1. 正手格斗戒备姿势(见图 7 - 1 - 4)

动作要领:

(1)维和警察立正站立;

(2)右脚(强脚)向右后方撤出一大步,侧身站立;

(3)两膝自然弯曲,两脚距离约与肩同宽,左脚微内扣,右脚跟外展约35°,重心落于两腿之间或稍偏于后腿;

(4)两手握拳,左前右(强手)后,右臂紧贴右侧肋部;

168

(5)收腹含胸,下颌微收,闭嘴合齿,目视前方。

正面　　　　　　　　　侧面

正手格斗戒备姿势

图7-1-4

2. 反手格斗戒备姿势(见图7-1-5)

动作要领:

正面　　　　　　　　　侧面

反手格斗戒备姿势

图7-1-5

(1)左脚(弱脚)向左后方撤出一大步,侧身站立;

169

（2）两膝自然弯曲,两脚距离约与肩同宽;右脚微内扣,左脚跟外展约35°,重心落于两腿之间或稍偏于后腿;

（3）两手握拳,右前左(弱手)后,左臂紧贴左侧肋部;

（4）收腹含胸,下颌微收,闭嘴合齿,目视前方。

二、警械戒备姿势

警械戒备姿势是在徒手戒备姿势基础上进行的更高级别的戒备,维和警察可根据现场的态势,选择使用相称的武力戒备方式,更好地对现场进行控制。警械戒备姿势主要包括催泪喷射器戒备姿势和警棍戒备姿势。

（一）催泪喷射器戒备姿势

1. 扶催泪喷射器戒备姿势(见图7-1-6)

动作要领:

（1）维和警察侧身站立;

（2）维和警察用强手扶催泪喷射器,做好提取准备;

（3）弱手做好积极的防御动作或放在便于辅助强手提取催泪喷射器的位置,眼睛目视前方,保持戒备。

扶催泪喷射器戒备姿势　　　　语言控制中的戒备
图7-1-6

2. 双手持握戒备姿势

动作要领：

(1)维和警察用强手持催泪喷射器,并尽量伸前；

(2)以弱手辅助强手增强稳定性；

(3)用强手食指或拇指按放在喷射按钮上,做好喷射准备。

动作方式：

(1)提取(见图7-1-7)

戒备　　　　　　　　　扶催泪喷射器

提取

图7-1-7

维和警察在戒备状态中,扶催泪喷射器,做好提取准备,根据威胁,在警告的同时,提取催泪喷射器。

(2)拇指按压(见图7-1-8)

用拇指按压催泪喷射器,眼睛目视前方,保持戒备。可以弱手从上抓握持催泪喷射器手腕,也可是弱手从下抓握持催泪喷射器手腕,也可以弱手从前抱握强手,将催泪喷射器固定,提高喷射的有效性。

正握 反握

双手抱握

图7-1-8

（3）食指按压（见图7-1-9）

用食指按压催泪喷射器，眼睛目视前方，保持戒备。可以弱手从上抓握持催泪喷射器手腕，也可是弱手从下抓握持催泪喷射器手腕，将催泪喷射器固定，提高喷射的有效性。

正握　　　　　　　　　　　反握

图7-1-9

3. 单手持握戒备姿势（见图7-1-10）

侧面　　　　　　　　　　　正面

弱手侧防

弱手前挡

图 7 - 1 - 10

当维和警察单手持握催泪喷射器时,将弱手空置,这时弱手可以做一些防卫动作。针对对方的突然攻击,弱手侧防,挡住或减弱对方的攻击,为使用催泪喷射器创造条件;弱手前挡,主要阻止对方的接近,保持安全距离,进行有效喷射。

动作要领:

(1)维和警察用强手持催泪喷射器,并尽量伸前;

(2)弱手上举置于头的侧前方;

(3)用强手食指或拇指按放在喷射按钮上,做好喷射准备。

(二)警棍戒备姿势

警棍戒备姿势是维和警察在执行维和行动时,在相应武力使用级别的戒备姿势,它的运用在一定程度上可以有效防止或减弱攻击者对维和警察的伤害。在实战运用时,主要是维和警察与嫌疑人有一定程度的对抗可能时,在使用徒手防控手段控制或其他手段不满足现场的控制时,所采用的防控技能。主要包括腹前戒备、提棍戒备、肩上戒备和反手戒备。

1. 腹前戒备（见图7-1-11）

动作要领：

（1）维和警察侧身戒备；

（2）强手持棍，弱手放置在强手手腕处，置于腹前；

（3）警棍处于相对隐蔽的状态，目视前方，保持戒备。

图7-1-11

2. 胸前戒备（见图7-1-12）

动作要领：

（1）维和警察侧身戒备；

（2）双手持棍，强手在下，弱手在上，置于胸前；

（3）警棍处于相对隐蔽的状态，目视前方，保持戒备。

图 7 - 1 - 12

3. 提棍戒备

动作要领：

(1)维和警察侧身戒备；

(2)右手提棍,置于腿侧(后)。

持棍方式：

(1)公开提棍戒备(见图 7 - 1 - 13)

右手提棍,将警棍置于腿侧。

弱手体侧　　　　　　弱手腹部

弱手前置

图 7 - 1 - 13

（2）隐蔽提棍戒备（见图 7 - 1 - 14）

右手提棍，将警棍置于腿后。

在实战应用时，具有隐藏警棍，缓解现场气氛的作用，并时刻准备着武力的使用。在面对强大的国际舆论压力下，维和警察应善于隐藏自身的武力使用,减小影响。这是为了保护维和警察自身,避免因武力使用处于不利地位。因此,维和警察使用武力,应注意方式、方法,在打击暴力犯罪的同时,要善于保护自己。

弱手体侧

弱手腹部

弱手前置

图 7 – 1 – 14

4. 肩上戒备(见图7-1-15)

动作要领:

(1)维和警察侧身戒备,右手持棍;

(2)右臂夹紧并内收,警棍置于肩上;

(3)左手置于体前,目视前方,保持戒备。

正面

侧面

图7-1-15

5. 反侧身戒备(见图 7 - 1 - 16)

动作要领:

(1)维和警察反侧身戒备;

(2)右手持棍,棍头指向斜前45°;

(3)左手置于体前防护,目视前方,保持戒备。

正面

侧面

图 7 - 1 - 16

三、武器戒备姿势

武器戒备姿势是维和警察在执行维和行动时,所使用的最高级别的戒备姿势,它的运用在一定程度上可以有效防止或威慑攻击者的攻击行为。在实战运用时,主要是维和警察与嫌疑人有强烈的对抗可能时,在使用其他手段不足以满足现场的控制时,所采用的防控技能。主要包括手枪戒备姿势和自动步枪戒备姿势。

(一)手枪戒备姿势

1. 扶枪戒备(见图7-1-17)

动作要领:

(1)维和警察侧身戒备站立;

(2)右手扶枪,左手置于腹前;

(3)左手做好辅助出枪或防护准备,目视前方,保持戒备。

正面　　　　　　　　　　　　　　侧面

图7-1-17

2. 低姿戒备(见图 7 - 1 - 18)

动作要领:

(1)维和警察侧身戒备站立;

(2)双手握枪,枪口指向前下方约45°,保持戒备。

正面   侧面

图 7 - 1 - 18

3. 中姿戒备(见图 7 - 1 - 19)

动作要领:

(1)维和警察侧身戒备站立;

(2)双手握枪,枪口指向前下方约60°,保持戒备。

正面　　　　　　　　　　　侧面

图 7 - 1 - 19

4. 高姿戒备(见图 7 - 1 - 20)

动作要领:

(1)维和警察侧身戒备站立;

(2)双手握枪,双臂体前弯曲,枪口指向前上方约45°,保持戒备。

正面　　　　　　　　　　　侧面

图 7 - 1 - 20

183

5. 射击戒备(见图 7 – 1 – 21)

正面   侧面

图 7 – 1 – 21

动作要领:

(1)维和警察侧身戒备站立;

(2)双手握枪,枪口指向目标,做好射击准备。

(二)自动步枪戒备姿势

1. 持枪戒备(见图 7 – 1 – 22)

维和警察持枪戒备,主要采用的是胸前挂枪戒备。

背带包括两点式枪背带和三点式枪背带,根据勤务形式和勤务目的选择相应的背带。

动作要领:

(1)侧身或左右开立站立;

(2)枪挂于体前,保持戒备。

正面   侧面

图 7 - 1 - 22

2. 低姿戒备(见图 7 - 1 - 23)

动作要领:

(1)侧身戒备站立;

(2)枪口指向前下方约 45°,保持戒备。

正面   侧面

图 7 - 1 - 23

3. 中姿戒备(见图 7 - 1 - 24)

动作要领:

(1)侧身戒备站立;

(2)枪口指向前下方约 60°,保持戒备。

正面   侧面

图 7 - 1 - 24

4. 高姿戒备(见图 7 - 1 - 25)

动作要领:

(1)侧身戒备站立;

(2)枪口指向前上方约 45°,保持戒备。

正面   侧面

图 7 – 1 – 25

5. 射击戒备姿势(见图 7 – 1 – 26)

正面   侧面

图 7 – 1 – 26

动作要领:

(1)侧身戒备站立;

(2)枪口指向目标,做好射击准备。

第二节　防控技能的变化使用

防控技能的变化使用是指维和警察在临场依法处置犯罪嫌疑人时所采取的一系列掌握和支配犯罪嫌疑人、使其不能任意活动或越出被限制活动范围的方法和手段。根据对方的反应,逐步升级武力的使用,达到对现场进行有效控制的目的。

在维和实践中,维和警察在紧张的临战状态下,面对形形色色的犯罪嫌疑人,如果缺乏对自身行为、对犯罪嫌疑人的举动、对外在环境、条件、状况采取合理有效的控制手段和方法,不能在积极防范和严密控制的基础上实施对犯罪嫌疑人的处置,往往会导致局面的失控及危险的发生甚至出现危及维和警察生命安全等严重后果。特别是在处置严重暴力犯罪嫌疑人时,必须站在时刻提防其暴力拒捕反抗的立足点上,采取以能够限制甚至剥夺其反抗能力的方法和手段来防止意外危险的发生。

维和行动的临战控制主要包括行为控制和现场控制。临战控制能力体现在维和警察面对危险时的一种安全控制,避免、排除或控制危险发生的能力,这种能力是维和警察执行维和任务的基本战术素养,在很大程度上决定了任务能否顺利完成。面对未知的或突发的危险时,能够有效控制自身的心理状态和身体状态,以最佳的身心戒备去应对危险,并通过各种控制手段,如武力威慑、语言控制、徒手控制、警械控制、武器控制,对嫌疑人或现场牢牢地控制住,确保不出任何安全问题。

维和行动的行为控制,就是对维和警察自身及对嫌疑人的行为控制状态,充分运用各种有效的手段对嫌疑人的行为进行控制,主要通过语言控制、徒手控制、警械控制及武器控制将危险限定在控制范围内,最大限度地确保行动的顺利完成(见图 7 – 2 – 1)。

第一,限制目标的行为是降低危险发生的重要环节。

第二,限制目标的行为是维和警察意图的反映。

第三,限制目标的行为是维和警察评估状况、加强控制措施、灵活有效处置的前提。

防控技能的变化使用的基本流程:

武力威慑、语言控制——徒手防控——警械防控——武器防控,根据现场的威胁及时变化武力的使用方式。

语言控制

徒手控制

催泪喷射器控制

警棍控制

手铐控制

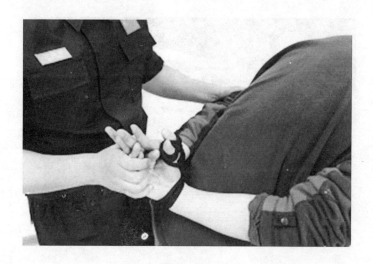

警绳控制

武器控制

武器控制

图 7 - 2 - 1